国家社会科学基金一般项目（项目批准号：17BJL073）资助出版

区域差异、经济增长与地方政府债务最优规模研究

黄春元　著

北京交通大学出版社
·北京·

图书在版编目（CIP）数据

区域差异、经济增长与地方政府债务最优规模研究 / 黄春元著. —北京：北京交通大学出版社，2023.2

ISBN 978-7-5121-4893-2

Ⅰ. ① 区… Ⅱ. ① 黄… Ⅲ. ① 地方政府-债务管理-研究-中国 Ⅳ. ① F812.7

中国国家版本馆 CIP 数据核字（2023）第 037284 号

区域差异、经济增长与地方政府债务最优规模研究
QUYU CHAYI, JINGJI ZENGZHANG YU DIFANG ZHENGFU ZHAIWU ZUIYOU GUIMO YANJIU

责任编辑：刘　蕊
出版发行：北京交通大学出版社　　电话：010-51686414　　http://www.bjtup.com.cn
地　　址：北京市海淀区高梁桥斜街 44 号　　邮编：100044
印 刷 者：北京虎彩文化传播有限公司
经　　销：全国新华书店
开　　本：170 mm×235 mm　　印张：13.875　　字数：176 千字
版 印 次：2023 年 2 月第 1 版　　2023 年 2 月第 1 次印刷
定　　价：59.00 元

本书如有质量问题，请向北京交通大学出版社质监组反映。
投诉电话：010-51686043，51686008；传真：010-62225406；E-mail：press@bjtu.edu.cn。

前　言

地方政府债务问题一直困扰着中国经济。一方面，地方政府债务可以弥补地方政府的财力不足，在改善民生、完善基础设施、应对危机等方面发挥积极作用，促进经济增长；另一方面，地方政府债务可以通过税收、利率等渠道挤出私人投资，阻碍经济的发展。基于国内复杂的地方政府债务问题和经济增速放缓的考虑，地方政府债务问题是近年来社会各界关注的焦点。在当今经济下行压力较大、财政支出与收入增速之间的剪刀差不断扩大的背景下，科学研判地方政府债务和经济增长之间的关系，把握好二者之间的平衡点，不仅有利于防范债务风险，还有利于经济的稳定增长。然而，中国区域发展存在较大差异，地方政府债务与经济增长之间的平衡点是否一致，地方政府债务政策是否应该“一刀切”，是值得社会各界认真思考的问题。因此，在区域差异背景下，科学判定地方政府债务最优规模，探究地方政府债务规模变动规律，进而科学制定地方政府债务政策，具有重要的理论及现实意义。

本书从地方政府债务管理的基本情况入手，结合各区域经济社会发展和地方政府债务基本事实，在区域差异背景下探讨地方政府债务与经济增长之间的关系，并在此基础上探析地方政府债务的变动规律。具体包括地方政府债务的空间溢出效应、人口结构变动对地方政府债务的影响以及地方政府债务的支出效率等方面。这些研究为探究地方政府债务规模的变动规律奠定了基础，同时也为科学管理地方政府债务提供了支撑依据。围绕上述内容，本书进行了以下六个专题研究。

专题一“地方政府债务管理基本情况”在总结国家层面地方政府债务管理改革历程的基础上，以北京市为例，总结归纳北京市政府债务管理的基本情况。

专题二“区域发展情况与地方政府债务基本情况”归纳总结各地区经济发展、财政状况、人口结构以及地方政府债务基本情况，并对上述各方面的区域差异情况进行了对比分析，为进一步在区域差异背景下探求地方政府债务与经济增长之间的关系、地方政府债务规模变动规律等研究奠定基础。

专题三“地方政府债务、区域差异与经济增长”利用 2007—2018 年地级市数据，通过 GMM、面板门槛模型等方法实证检验地方政府债务与经济增长之间的关系，并进一步探究地方政府债务对经济增长的影响是否存在区域差异，分析差异存在的可能原因。

专题四“地方政府债务空间溢出效应”利用 2006—2018 年中国 30 个省区市数据，实证探究地方政府债务空间溢出效应，为进一步科学制定地方政府债务管理制度奠定研究基础。

专题五“人口老龄化、人口流动与地方政府债务”从我国人口结构变化入手，探析人口老龄化以及人口流动对地方政府公共服务供给（尤其是养老、医疗等社会保障方面）带来的财政压力，并实证检验人口老龄化通过财政支出端扩大地方政府债务规模的研究假设，为进一步探究地方政府债务规模变动规律进行有益尝试。

专题六“地方政府债务支出效率”以债务支出效率为题，进一步探析地方政府债务管理的政策依据。利用 DEA 和 Malmquist 指数等方法，对地方政府债务支出效率进行静态和动态分析，重点总结地方政府债务支出效率的特点以及存在的问题，为完善地方政府债务管理制度提供科学依据。

根据以上专题研究的结论，本书提出以下几点政策建议。

（1）科学合理地控制地方政府债务规模，防范债务风险。为了更加合理地控制地方政府债务规模，防范地方政府债务风险，应根据债务分布特征及债务增长机制区别对待。国家出台政策控制地方政府债务规模时，还应考虑相邻地区地方政府债务的空间溢出效应。

（2）提高地方政府债务支出效率，防范与缓解债务风险。完善政府间财政关系，构建地方政府债务考核问责机制。为控制地方政府债务的规模，应加快培育地方主体税种，为地方经济建设提供较为稳定的资金来源，同时还应该完善我国的转移支付制度。我国还应变革地方政府官员政绩考核机制，构建地方政府债务考核问责机制。

（3）重视人口结构对财政收支的影响，将其纳入地方政府债务指标体系。制定地方政府债务管理制度时，要充分考虑人口结构变动因素。中国人口老龄化呈现出的规模大、发展快速以及未富先老的特征，叠加人口流动带来的公共服务供给压力等问题，对地方政府债务产生的推动作用不容忽视。因此，在构建和完善地方政府债务管理体系以及风险防范指标体系时，要考虑人口老龄化与人口流入指标，以便更全面、科学地管理地方政府债务。在确定地方政府债务投向、考核地方政府债务支出效率时，需要充分考虑人口结构的变化与特征。

地方政府债务对经济的影响就像是一把“双刃剑”。科学合理地管理地方政府债务，不仅可以使其充分发挥对经济的正向促进作用，也能有效防范地方政府债务可能引发的风险。未来，我们将会对地区间地方政府债务差异以及地方政府债务对财政可持续性的影响展开相关研究，以拓展本书的研究宽度。

作　者

2023 年 1 月

目　录

一、概　　述

地方政府债务问题一直困扰着中国经济。一方面，地方政府债务可以弥补地方政府的财力不足，在改善民生、完善基础设施、应对危机等方面发挥积极作用，促进经济增长；另一方面，地方政府债务可以通过税收、利率等渠道挤出私人投资，阻碍经济的发展。基于国内复杂的地方政府债务问题和经济增速放缓的考虑，地方政府债务问题再度成为当前社会各界关注的焦点。在当今经济下行压力较大、财政支出与收入增速之间的剪刀差不断扩大的背景下，科学研判地方政府债务和经济增长之间的关系，把握好二者之间的平衡点，不仅有利于防范债务风险，还有利于经济的稳定增长。然而，中国区域发展存在较大差异，地方政府债务与经济增长之间的平衡点是否一致，地方政府债务政策是否应该“一刀切”，是值得社会各界认真思考的问题。因此，在区域差异背景下科学判定地方政府债务最优规模，进而科学制定地方政府债务政策，是一项重要的研究课题。

本部分主要包括国内外研究基础、研究意义、主要研究内容、研究思路与研究方法、拟突破的重点与难点等五部分内容。

（一）国内外研究基础

1. 国外相关研究综述

国外关于政府债务如何影响经济增长的近期研究，可以概括为以下四种观点。

（1）政府债务不利于经济增长。国外研究中有几种理论观点认为政府债务与经济增长之间存在长期的负面关系。代际理论模型认为，公共债务的增长将会降低储蓄和资本积累，进而阻碍经济增长；内生增长模型认为，长期来看政府债务对经济增长有负面影响；还有一种观点认为，较高的政府负债率会通过长期利率的变化带来更高的扭曲性税收和通货膨胀，并影响公共支出的效率以及增加财政政策的不确定性，这些都会对资本积累和经济增长产生负面影响。[1-2]

（2）一定阈值内的政府债务有利于经济增长。有学者通过对比分析 44 个发达国家和新兴国家的经济增长和公共债务等数据，发现政府债务占 GDP 比率高于 90%的国家拥有较低的经济增长率，而债务占 GDP 比率低于 60%的新兴国家经济增长率相对较高。[3]之后，一些学者对政府债务与经济增长之间的非线性关系进行了专门研究，尽管就具体阈值是多少仍存在争议，但取得了一个共识——一个国家或地区应将政府债务规模控制在经济发展可承受的范围之内。[4-7]在此基础上，国外学者进行了更加深入的研究，认为由于国家之间的社会经济发展差别较大，政府债务与经济增长之间的非线性关系特征不一。[8-9]学者们利用多国时间序列，验证了政府债务与经济增长之间存在非线性的关系，并认为长期高债务率对经济增长有负面影响，但是各国债务对经济增长产生抑制作用的门槛值并不一致。

（3）政府债务与经济增长无关。Jacobs 等检验了欧盟和 OECD 国家政府债务与经济增长的关系，结果表明经济增长通过长期利率影响政府债务规模，反过来，政府债务对经济增长并没有实际影响。[10]此外，Panizza 利用意大利数据对政府债务与经济增长之间的因果关系进行验证，得出政府债务规模的膨胀或收缩不会对经济增长产生影响的结论。[11]

2. 国内相关研究综述

国内对地方政府债务与经济增长之间关系的研究，主要有以下四种观点。

（1）地方政府债务对经济增长有一定的推动作用。政府债务可以为私人资本不愿意介入的某些耗资巨大的公共投资项目（如基础设施）提供融资，这有利于完善基础公共服务，并对经济增长产生促进作用。[12-16]其中，胡奕明等的研究应用审计署 2010—2013 年地方政府债务审计数据，通过多元统计分析，发现地方政府债务能够促进地区经济增长，但未发现两者之间存在拐点，即两者之间不存在倒 U 形关系。[16]同时，在经济转型期，政府投资仍是地区经济增长和城市化进程中的主要模式，地方政府债务在一定程度上缓解了地方财政压力，刺激地区经济发展。[17]将地方政府债务进一步细分为直接债务与或有债务，多元回归结果表明直接债务对经济增长具有明显的促进作用，且现阶段直接债务规模未达到抑制经济增长的阈值点，从长期看我国地方政府债务规模仍具有可持续性，而或有债务对经济增长的作用并不明显。[18]

（2）地方政府债务会带来风险，不利于经济增长。地方政府举债会加大政府还债压力，政府有可能会采取增加税费的方式还债，进而增加企业生产成本；同时，政府隐性债务带来的风险不仅会产生企业因债务链断裂而大批关停等后果，还有可能演变成为系统性金融风险，给国民经济发展造成巨大隐患。[19-24]此外，地方政府债务对经济增长的负面作用受土地财政、政治周期波动、腐败等因素的影响。地方政府债务规模继续扩大会抑制经济增长，土地财政、政治周期波动和腐败通过作用于地方政府债务规模对经济增长产生负面影响。[20,25]

（3）地方政府债务对经济增长的影响存在阈值，即地方政府债务与经济增长之间呈现倒 U 形关系。[26-30]地方政府债务与经济增长的倒 U 形关系体现为地方政府债务对我国经济的增长具有显著的门槛效应，债务规模未超过门槛值时，地方政府债务促进经济发展，一旦债务规模超过门槛值，地方政府债务则抑制经济增长，[31-35]且发达地区地方政府债务的门槛值更高，当债务规模高于门槛值时，欠发达地区地方政府债务对经济增长的抑制作用更显著。[36]李梦辰等以实际案例印证了用于基础建设的地方政府债务与经济发展之间的倒 U 形关系，并且证明了债务门槛值的存在。[37]

进一步分析地方政府债务对经济增长质量的影响，地方政府债务规模对经济高质量发展水平的影响是非线性的，各省经济高质量发展空间网络结构特征在两者之间发挥中介效应。显性债务率对经济增长质量的影响呈现倒 U 形关系，而现行债务率对经济增长质量的影响则表现为显著的负相关关系。[38-39]

（4）地方政府债务与经济增长的关系具有明显的区域差别。受经济发展水平、财政状况、产业结构等因素影响，地方政府债务对经济增长的影响具有明显的区域差异，由于不同学者使用的计量模型和选取的变量有差距，地方政府债务对经济增长作用的实证结果可能有所不同。陈志刚等认为债务率相等时，地方政府债务对经济增长的影响因公共投资对私人投资的挤出效应差异和各区域政府投资的资源配置效率差异而产生区域异质性。[33]因此，东北地区地方政府债务对经济增长有显著的促进作用，在东部和西部地区促进作用不显著，而中部地区地方政府债务则对经济增长有抑制作用。黄健等的研究结果则显示我国西部地区以及债务规模较高的地区，地方政府债务规模扩张对经济增长有显著的负面影响。[17]另外地方政府债务与经济增长质量具有显著的空间自相关性，门槛效应回归结果表明与欠发达地区相比，发达地区显性债务对经济增长质量的门槛值更高，而隐性债务对经济增长的抑制作用在欠发达地区更为显著。[38]

3. 简要评述

国内外研究学者对债务与经济增长之间关系的研究形成了大量优质的成果，为本书的研究奠定了良好的基础。但是，国外相关研究主要是针对发达国家，缺少对发展中国家的相关研究，无法对中国地方政府债务与经济增长之间关系的研究提供直接的指导。国内地方政府债务与经济增长的相关研究已经取得了很大进展，但还存在以下改进空间。

（1）测度地方政府债务最优规模需要考虑区域差异和人口结构变化。中国区域差异较大，地方政府举借债务的规模、偿还债务的能力需要考虑本地区自身的优势与劣势。此外，中国人口老龄化程度不断加深，加之人口流动，势必对流入地公共服务等财政支出产生压力，进而可能会给地方政府债务带来影响。因此，考虑区域差异和人口结构变动，有助于进一步厘清地方政府债务与经济增长的关系以及地方政府债务变动规律。

（2）构建地方政府债务数据库。地方政府债务的数据获取难度较大，地方政府债务不仅包括“体制内”债务（由财政部代为发行的地方政府债券），还有诸多的“体制外”债务（如融资平台和国有企业发行的债券），而截至2022年底中国仍未建立地方政府债务的官方数据库，国家审计署掌握的具体数据也未公开。研究团队通过对大量资料、数据的搜集整理，已初步形成省级和地级市两个层面的地方政府债务数据库（尤其是地级市债务数据是在新的城投债公司名单下收集整理而来），可为项目的后续研究以及其他研究者提供研究思路和数据基础。

（3）利用地级市数据研究地方政府债务与经济增长的关系，实证结果将会更加科学。地级市政府是中国发展地方经济和社会事务的具体承担者，也是地方政府债务最主要的举债人和用债人。从地级市这一视角展开研究，能够更准确地揭示地方政府债务和经济增长之间的内在关联。本书利用研究团队收集整理的地级市政府债务、经济增长等数据，在区域间存在差异的背景下，对地方政府债务如何影响经济增长（包括整体影响和区域性差异影响）进行多个维度的实证分析。同时，尝试探析人口结构变动与地方政府债务之间的关系，以期探寻地方政府债务最佳规模的变动规律。

（二）研究意义

1. 应用价值

地方政府债务快速增长已成为影响中国经济持续健康发展不可忽视的因素，探析地方政府债务最优规模是当前社会和学术界关注的热点之一。本书从地方政府债务与经济增长之间的关系着手，在区域差异背景下，从地级市层面探索地方政府债务对经济增长的影响机制，最终实现探求地方政府债务最佳规模的变动规律，为科学制定地方政府债务政策提供依据。

2. 学术价值

本研究从地级市层面、运用动态一般均衡理论探究地方政府债务与经济增长之间的关系，丰富了该问题的研究视角，为解释二者之间的关系提供更为直观和可靠的经验依据，有助于补充与完善二者之间关系的实证检验结果；在区域经济差异理论基础上，探讨区域差异、经济增长与地方政府债务最优规模之间的关系，为后续跟踪研究奠定基础；运用系统GMM、门槛效应、工具变量等比较先进的实证方法，探究地方政府债务最优规模的变动规律，有助于拓展地方政府债务与经济增长关系的研究内容和相关研究深度。

（三）主要研究内容

1. 研究对象

本书结合区域差异研究地方政府债务对经济增长的影响，探求地方政府债务的最优规模。首先，从当前地方政府债务规模巨大、增速较快的现象入手，结合国内外研究结果，对地方政府债务与经济增长之间的关系进行理论推演与实证分析。随后从区域发展差异的角度，探究地方政府债务增长的影响机制。其次，探析人口结构对地方政府债务的影响，进而全面探析地方政府债务最优规模的变动规律。最后，在政府债务管理水平、债务规模效率等层面，从债务支出效率视角出发，探究现有管理制度下债务规模的适配性。

2. 总体框架与具体研究内容

遵循“提出问题—分析问题—解决问题”的总体研究框架，本书的核心逻辑为：在中国区域发展存在较大差异的现实国情下，地方政府债务对经济增长产生的作用会受到区域差异的影响，而探究地方政府债务最优规模的演化路径是科学制定地方政府债务政策，从而保证新常态下经济持续稳健增长的关键问题之一。本书的研究框架如图 1－1 所示。

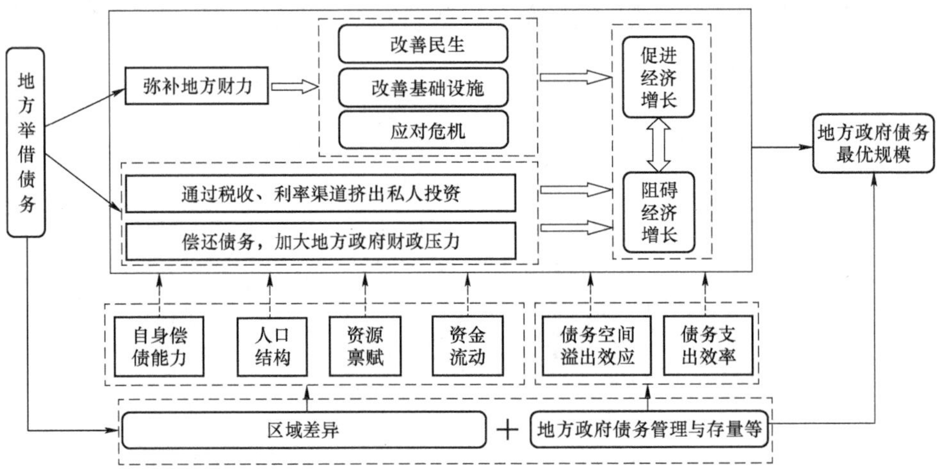

图 1－1　研究框架

具体来讲，本书研究内容包括以下五个方面。

（1）地方政府债务与经济增长之间关系的相关理论与实证研究评述。依据国内外相关文献，梳理理论发展脉络与实证演变过程，并对其进行评述，为后期的理论构建与实证检验奠定基础。

（2）构建模型，实证检验地方政府债务与经济增长之间的关系。利用地级市层面的数据，通过 GMM、IV 等估计方法，切断地方政府债务与经济增长之间互为因果的联系，检验地方政府债务对经济增长的影响。

（3）考虑中国区域发展差异的现实国情，依据区域经济的相关理论，构建引入区域差异后地方政府债务对经济增长影响的实证模型，并进行相关检验。

（4）探究地方政府债务最优规模的变动规律。利用非动态面板门槛回归模型等先进实证方法，从债务承受能力、债务支出效率、人口结构、区域存在差异的各种角度，探析地方政府债务对经济增长的不同影响，探寻地方政府债务的变动规律。

（5）根据研究的理论与实证研究结果，提出合理制定地方政府债务政策的建议。

3. 主要目标

本书主要目标在于探究地方政府最优的举债规模，以最大化发挥地方政府债务对经济增长的促进作用，将其对经济增长的抑制作用控制在最小范围，为制定合理的地方政府债务政策提供科学依据。这一总体目标可细化为以下四个子目标。

（1）构建理论模型，探析地方政府债务与经济增长之间的关系。

（2）利用多种实证方法，检验判断地方政府债务对经济增长是否存在倒 U 形关系影响，初步探析地方政府债务的最优规模区间。

（3）根据区域经济发展理论，构建模型实证探寻区域差异、经济增长与地方政府债务最优规模之间的关系。

（4）揭示地方政府债务对经济增长的影响机制，刻画地方政府债务最优规模在区域差异影响下的变动规律，提出合理制定地方政府债务政策的科学建议。

（四）研究思路与研究方法

1. 基本思路

本书的具体研究思路如图 1－2 所示。

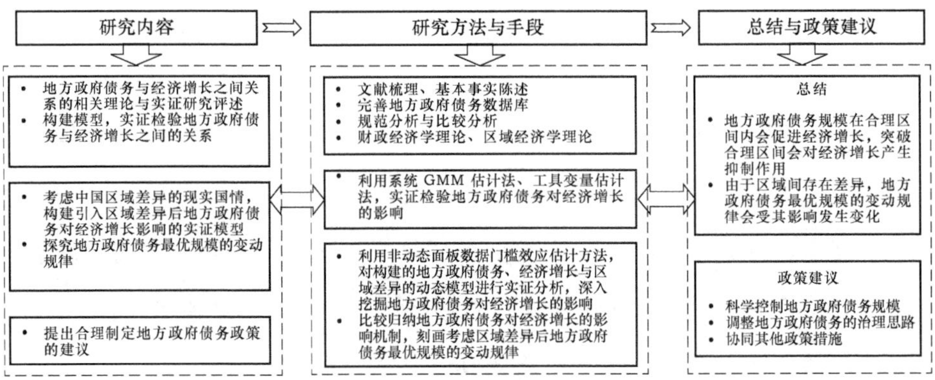

图 1－2　具体研究思路

2. 具体研究方法

（1）文献研究法。在理论分析阶段，利用文献研究法对最新的理论研究成果进行归纳与总结，包括地方政府债务与经济增长关系的国内外理论研究，结合区域经济发展理论探究地方政府债务在经济增长的区域性差异中的作用与机理等，为进一步进行地方政府债务最优规模的研究奠定文献和理论基础。

（2）统计分析法。统计分析法主要针对实证研究阶段，主要方法包括常规的面板数据估计法、系统广义矩估计法、两阶段最小二乘估计法和非动态面板门槛回归模型。

① 常规的面板数据估计法。利用常规的面板数据估计法，实证检验地方政府债务与经济增长之间的关系。具体方法如式（1－1）所示。

$$y_{it}=\alpha+\sum_{k=1}^{p}\beta_k x_{kit}+\mu_{it} \tag{1-1}$$

其中，y_{it} 为被解释变量（经济增长率）；α 是截距项（或常数项）；β_k 是第 k 个解释变量（x_{kit}）的估计系数，核心解释变量是地方政府债务规模；p 是解释变量的个数；μ_{it} 为随机扰动项。

② 系统广义矩估计法。为了切断地方政府债务与经济增长之间的双向因果关系，采用系统广义矩估计法（system－GMM）对二者之间的关系进行实证检验。具体方法如式（1－2）所示。

$$y_{it}=\alpha+\sum_{j=1}^{J}\alpha_j y_{i,t-j}+\sum_{k=1}^{p}\beta_k x_{kit}+\mu_{it}\,,\quad \mu_{it}=v_i+\varepsilon_{it} \tag{1-2}$$

其中，y_{it} 为被解释变量；x_{it} 为核心解释变量；J 为被解释变量的最大滞后阶数；v_i 为个体效应，满足 $E(v_i)=E(\varepsilon_{it})=E(v_i\varepsilon_{it})=0$。

③ 两阶段最小二乘估计法。为保证实证结果的稳健性，继续使用两阶段最小二乘估计法（2SLS）对地方政府债务与经济增长之间关系进行实证检验，以克服二者之间存在的内生性问题对实证结果造成的干扰。具体方法如下。

第一步，以 q 为解释变量，以 z 为被解释变量，进行第一阶段回归，得到

z 相应估计结果。计量方程如式（1－3）所示。

$$\hat{z}_{it}=\lambda+\eta q_{it}+\tau_i+\varsigma_t+\upsilon_{it} \tag{1-3}$$

第二步，以第一阶段估计出来的 $\hat{z}_{it}$ 作为解释变量，以 y_{it} 作为被解释变量，进行第二阶段回归，得到最终估计结果。计量方程如式（1－4）所示。

$$y_{it}=\alpha+\beta\hat{z}_{it}+\gamma X_{it}+u_i+\nu_t+\varepsilon_{it} \tag{1-4}$$

以上两式中，y_{it} 为被解释变量，$\hat{z}_{it}$ 为核心解释变量，q_{it} 为工具变量，X_{it} 为控制变量，τ_i 和 μ_i 为个体效应，ς_t 和 ν_t 为时间效应，υ_{it} 和 ε_{it} 为随机扰动项。

④ 非动态面板门槛回归模型。为了识别区域差异、经济增长与地方政府债务最优规模之间的关系，拟用非动态面板门槛回归模型进行实证分析（推导过程详见文献［40］和文献［41］）。具体如式（1－5）所示。

$$y_{it}=\alpha+\beta_1 X_{it}(q_{it}\leqslant\gamma)+\beta_2 X_{it}(q_{it}>\gamma)+\mu_i+\varepsilon_{it} \tag{1-5}$$

给定 γ，β 的最小二乘估计值为 $\hat{\beta}=\{X^*(\gamma)'X^*(\gamma)\}^{-1}\{X^*(\gamma)'y^*\}$。

（3）比较分析法。比较分析主要用于分析不同区域地方政府债务规模、增长速度的变异程度，以及地方政府债务对不同区域经济增长影响程度的差异。

（五）拟突破的重点与难点

1. 拟突破的重点

（1）研判地方政府债务与经济增长之间的关系，初步探析地方政府债务最优规模。在国内学界对于地方政府债务与经济增长之间的关系没有定论的背景下，构建二者关系的实证模型，利用地级市层面的数据，通过GMM、IV等多种实证方法，判断地方政府债务与经济增长之间的关系，为初步探析地方政府债务最优规模奠定研究基础。

（2）构建区域差异、经济增长与地方政府债务最优规模的理论模型。在经济发展新常态下，考虑区域差异给地方政府债务与经济增长之间的关系可能带来的影响。在上述实证分析中，引入衡量区域差异的诸要素，构建包含区域差异在内的地方政府债务对经济增长影响的理论模型，为进一步科学探析地方政府债务最优规模进行有益尝试。

（3）探究地方政府债务对经济增长产生影响的机制，刻画地方政府债务最优规模的变动规律。根据理论假设分析，构建非动态面板门槛回归模型，从偿债能力、债务支出效率、人口结构、基础设施建设、经济发展水平等多种区域差异的角度，探究地方政府债务对经济增长的影响机制，描绘地方政府债务最优规模的变动规律，为制定合理的地方政府债务政策提供科学依据。

2. 拟突破的难点

（1）在应用工具变量估计法切断地方政府债务与经济增长之间互为因果关系时，工具变量的选取是一个难点。

（2）完善地方政府债务数据库，并保证数据质量。尽管已经初步建成地方政府债务数据库，但由于地方政府债务本身存在的繁杂性，如何在保证质量的前提下完善地方政府债务数据库仍是本书的一个研究难点。

二、专题一：地方政府债务管理基本情况

为加强地方政府债务管理，促进国民经济持续健康发展，我国出台了一系列有关文件与措施。这些文件与措施，构成了我国地方政府债务管理的基本框架，为合理规范地方政府债务的规模、防范地方政府债务风险、保障政府财政可持续发展、促进经济健康运行，奠定了良好基础。因此，本专题归纳总结国家层面地方政府债务管理改革的历程，并选取管理水平靠前的北京市作为代表，对其 1998—2020 年政府债务管理基本情况进行梳理与总结，以期为其他地区提升政府债务管理水平提供经验。

（一）国家层面地方政府债务管理改革历程

总体来看，我国地方政府债务管理可以划分为三个阶段。第一阶段是“开后门”阶段。该阶段主要以融资平台为主，国债转贷收入[①]也是地方政府债务收入的一种方式。2009 年之前，由于我国地方政府不能独立发行地方政府债

① 国债转贷资金是由国家增发一定数量的国债，通过财政部转贷给省级政府，用于地方的经济和社会发展建设项目的资金。省级人民政府根据建设项目的特点，决定和落实还款资金的来源，在本省范围内统借、统筹、统还。省级财政部门作为省级政府的债权、债务人的代表，负责对财政部的还本付息工作。

券，各地主要通过融资平台举借债务。第二阶段是“前门和后门同时开”阶段。2009—2014年，地方政府债券发行试点工作逐步推进，即“开前门”。同时，地方融资平台债务规模迅速膨胀。第三阶段是“开前门、堵后门”阶段。2015年之后，中央按照“开前门、堵后门”的改革思路，在彻底剥离融资平台的政府融资职能的同时，不断完善地方政府自主发债体系，不断更新政府债务管理机制。

1. 以融资平台为主的“开后门”阶段

自1995年1月1日起实施的《中华人民共和国预算法》（简称《预算法》）第二十八条规定：“地方各级预算按照量入为出、收支平衡的原则编制，不列赤字。除法律和国务院另有规定外，地方政府不得发行地方政府债券。”因此，地方政府没有自主发行债券的合法权利。1994年分税制改革之后，至2009年试点地方自发政府债券之前，地方政府债务的来源主要为国债转贷收入和融资平台借债。

1998年东南亚金融危机爆发，为应对外部压力，刺激经济增长，中央采取了积极扩张的财政政策，通过增发国债为基础设施建设项目融资。中央将部分新增国债项目资金转贷给地方，形成“国债转贷收入”，这部分债券资金虽由地方政府还本付息，但并不列入中央预算，也不作财政赤字处理。自2006年开始，中央将积极性财政政策转换为稳健性财政政策，并大幅削减长期建设国债发行规模，不再把国债资金转贷给地方使用。至2008年，各地国债转贷收入基本归零。

与此同时，为了缓解财政支出压力，各地主要通过融资平台举借债务。我国地方政府融资平台自20世纪90年代末期开始在我国东部沿海地区出现。

旧的《预算法》和《担保法》等法律法规禁止地方政府发行政府债券，控制地方政府实行预算赤字的债务融资，由于这种法律约束以及地方政府财权与事权不匹配等多种原因，使得地方政府更加依赖通过融资平台来举债以维持财政平衡。

2. “前门和后门同时开”阶段

1）“开前门”：地方政府试点发行债券

我国的地方政府债券试点发行经历了代发代还、自发代还、自发自还三个阶段。

第一阶段，代发代还阶段。从 2009 年开始，财政部每年代理发行 2 000 亿元地方政府债券，这些债务资金开始被纳入地方财政预算管理，由财政部代发代还。这一时期中央制定了一系列有关债券发行、使用、监督管理等工作的制度文件，主要包括《关于做好发行 2009 年地方政府债券有关工作的通知》《财政部代理发行 2009 年地方政府债券发行兑付办法》《2009 年地方政府债券预算管理办法》《财政部代理发行地方政府债券财政总预算会计核算办法》等文件。

第二阶段，自发代还阶段。2011 年 10 月，经国务院批准，财政部发布了《2011 年地方政府自行发债试点办法》，批准浙江省、广东省、上海市、深圳市试点自行发债，并实行年度发行额管理制度，仍由财政部代办还本付息。2013 年增加江苏省和山东省作为试点地区。

第三阶段，自发自还阶段。2014 年 5 月，财政部印发《2014 年地方政府债券自发自还试点办法》，这是首次由地方政府自主发行和偿还债务本息，并要求地方政府债券要进行信用评级，公开披露发债主体的经济、财政状况和债务余额。自发自还试点省市，在前期 6 个试点省市的基础上增加了北京市、青岛市、江西省和宁夏回族自治区等 4 个地区。

2）“开后门”：地方融资平台规模迅速膨胀

2008 年金融危机之后，地方融资平台发展迅速，由融资平台形成的地方政府隐性债务规模不断膨胀。地方融资平台的融资方式主要有三种：一是银行项目贷款；二是发行“城投债”；三是融资租赁、项目融资、信托私募等资本市场融资。遗憾的是，上述债务数据在地级市层面大多是不公开的，目前能获得的公开数据主要是地方融资平台发行的城投债数据。因此，本部分以城投债发展变化为代表，来推演地方融资平台发展趋势。根据曹婧等[42]、毛捷等[43]关于城投债数据整理的方法，我们将 2007—2018 年各年城投债发行额和城投债余额进行加总，并进行发行额与余额增长率的测算，得出全国城投债发展变化的基本情况，见表 2－1 和图 2－1。

表 2－1　2007—2018 年全国城投债发行额、余额及其增长率

年份	城投债余额/亿元	城投债发行额/亿元	城投债余额增长率/%	城投债发行额增长率/%
2007	1 404.50	841.50	—	—
2008	1 761.20	864.50	25.4	2.7
2009	4 587.70	3 188.30	160.5	268.8
2010	7 209.80	3 193.50	57.2	0.2
2011	10 365.70	3 910.90	43.8	22.5
2012	18 940.41	9 493.81	82.7	142.8
2013	27 433.88	10 309.88	44.8	8.6
2014	42 664.15	19 108.74	55.5	85.3
2015	55 819.69	20 643.33	30.8	8.0
2016	74 995.69	29 754.62	34.4	44.1
2017	85 721.98	23 649.12	14.3	－20.5
2018	97 905.26	28 254.60	14.2	19.5

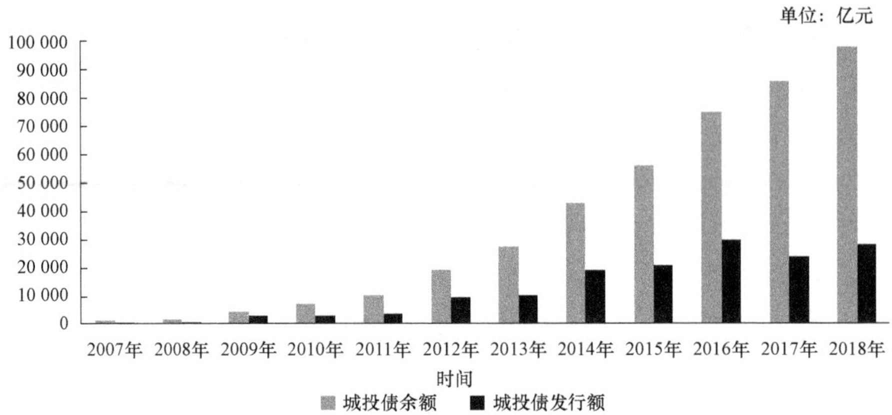

图 2－1　2007—2018 年全国城投债发行额和城投债余额

由表 2－1 和图 2－1 可知，2009 年是城投债规模扩张和发展迅速的一个重要节点。主要是为应对 2008 年金融危机，我国政府投入 4 万亿元地方政府债券，同期地方政府通过地方融资平台发行城投债，使得融资平台债务规模迅速扩张。2009—2014 年，是融资平台债务发展的高峰期，由表 2－1 可以看出，2009—2014 年城投债发行额年均增长率超过 50%，城投债发行额增长率在 2012 年达到高峰，为 142.8%。此后受政策影响，城投债发行额增长速度减缓。

3.“开前门、堵后门”阶段

1)“开前门”：不断规范地方政府债务发行与偿还制度

随着第一次修正的《预算法》的实施，地方政府债券发行和预算管理进入新阶段。《预算法》规定，经国务院批准的省、自治区、直辖市的预算中必需的建设投资的部分资金，可以在国务院确定的限额内，通过发行地方政府债券举借债务的方式筹措，并要求将地方政府债务全部纳入预算管理，实行规模控制。这就在法律上为透明、规范地进行地方政府债券发行提供了依据。

2015 年 3 月财政部下发《地方政府一般债券发行管理暂行办法》，4 月下发《地方政府专项债券发行管理暂行办法》，两个文件对一般债券、专项债券的定义、发行方式、发行期限、预算管理等进行了具体规定。在加强预算管理方面，两个文件从债务限额确定、预算编制和批复、预算执行和决算、非债券形式债务纳入预算以及监督管理等方面，提出了规范地方政府债务预算管理工作的具体要求。另外，为加强地方政府债务管理，防范和化解系统性经济风险，2015 年 12 月，财政部印发《关于对地方政府债务实行限额管理的实施意见》，明确对地方政府债务余额实行限额管理。作为配套措施，2017 年出台了《新增地方政府债务限额分配管理暂行办法》，该暂行办法进一步补充和完善了地方政府债务的限额管理措施。

为了规范专项债券的发行和预算管理，财政部出台了一系列文件。2017 年 5 月以来，财政部联合相关主管部门，相继下发《地方政府土地储备专项债券管理办法（试行）》《地方政府公路专项债券管理办法（试行）》、《试点发行地方政府棚户区改造专项债券管理办法》；2017 年 8 月，财政部印发《关于试点发展项目收益与融资自求平衡的地方政府专项债券品种的通知》（财预〔2017〕89 号），鼓励有条件的地方立足本地区实际，积极探索在有一定收益的公益性事业领域分类发行专项债券；此后地方政府专项债券品种逐步丰富，保障了重点领域合理融资需求，逐步用于乡村振兴、环保、能源、水利、教育、医疗等其他公共服务领域。2018 年 2 月财政部出台《关于做好 2018 年地方政府债务管理工作的通知》（财预〔2018〕34 号）明确规范地方政府债券发行管理，加快实现地方政府债券管理与项目严格对应，落实全面实施绩效管理要求。在严格规范地方政府债券管理的背景下，国家开始细化地方专项债券项目的预算管理措施。2019 年财政部、自然资源部联合印发《土地储备项目预算管理办法（试行）》（财预〔2019〕89 号）提出对土地储备项目实施全生命周期的预算管理，着重对土地储备专项债项目在地方政府性基金预算内的编制与批复、执行与调整、决算与审计和项目库管理进行指导。

在地方政府债务被纳入预算管理之后，政府债务成为财政预决算公开的一个重要内容。2018 年 12 月财政部下发《地方政府债务信息公开办法（试行）》（财预〔2018〕209 号）的通知，首次对公开地方政府债务预决算信息提出明确要求，“县级以上地方各级财政部门应当随同预决算公开地方政府债务限额、余额、使用安排及还本付息等信息”，从而提高地方政府债务信息透明度，加强舆论监督和公众参与。

2）“堵后门”：地方隐性债务的清理甄别与预算管理

与此同时，国家出台了很多政策，对地方隐性债务进行清理甄别，并加强预算管理。

2014 年 9 月，《国务院关于加强地方政府性债务管理的意见》（国发〔2014〕43 号，以下简称“43 号文”）在确定要剥离融资平台公司的政府融资功能的同时，明确政府债务不得通过企事业单位举借，政府债务的融资渠道仅限于政府债券、PPP 以及合规的或有债务。43 号文在实质上确立了地方政府债务管理的主要原则“开前门、堵后门”。文件中提出“要妥善处置存量债务和在建项目的后续融资”。作为配套政策，财政部下发了《地方政府性存量债务清理处置办法（征求意见稿）》，并在征求意见的过程中，于 10 月 23 日又下发了《地方政府存量债务纳入预算管理清理甄别办法》（以下简称“处置办法”），针对存量债务的清理甄别提出具体实施方案，要求各地将 2014 年 12 月 31 日前尚未清偿完毕的地方政府存量债务进行清理甄别，以便将其纳入预算管理。

按照分类管理的思路，对债务进行甄别分类后，不同类别的债务将对应不同的处置方式[①]。对于政府存量债务，处置办法首先给出了处置的总体思想——存量债务纳入预算管理。其中，政府存量债务中的一般债务将纳入一般公共预算进行管理，专项债务将纳入基金预算进行管理。并进一步明确了存量债务的偿债资金来源与偿债顺序问题——通过预算统筹保证各类财政性资金优先安排用于偿还到期政府债务，政府性基金预算和国有资本经营预算资金可调入用以偿还无法覆盖的一般债务。最后，针对当前地方政府债务期限错配的问题，提出"债券置换"这种以新换旧的方式，从而将目前期限短、成本高的存量债务置换成期限长、成本低的债券。自此，通过存量债务的甄别和债务置换，将一部分地方隐性债务纳入了预算管理。

2015 年以来，随着对政府融资平台监管的加强，地方政府尝试通过 PPP、产业发展基金和政府购买服务变相举债，主要特征是明股实债、固定收益、保底回报，表面上为企业负债，实际是政府债务。针对于此，2017 年 5 月，财政部发布《关于进一步规范地方政府举债融资行为的通知》（财预〔2017〕50 号）、《关于坚决制止地方以政府购买服务名义违法违规融资的通知》（财预〔2017〕87 号）两份文件，全面改正地方政府不规范的融资担保行为、规范政府与社会资本方的合作行为，地方政府不得以借贷资金出资设立各类投资基金。在地方政府债务风险管理方面，国务院和财政部分别出台《地方政府性债务风险应急处置预案》和《地方政府性债务风险分类处置指南》，对债务风险分类处置、债务范围、责任的界定和履行进行规定。

2018 年以来，政府陆续发布了有关隐性债务统计、认定、问责和风险管

---

① 根据《地方政府存量债务纳入预算管理清理甄别办法》（财预〔2014〕351 号），经甄别认定的截至 2014 年末的地方政府性债务余额为 24 万亿元。就城投公司而言，包括三类债务：第一类是城投公司举借、拖欠或以回购（BT）等方式形成的债务中确定由财政资金偿还的债务，该类债务列入政府债务；第二类是城投公司举借的确定以非财政资金偿还，且地方政府提供直接或间接担保的债务，该类债务为地方政府负有担保责任的债务；第三类是城投公司为公益性项目举借，由非财政资金偿还，且地方政府未提供担保的债务，政府在法律上对该类债务不承担偿债责任，但当债务人出现债务危机时，政府可能承担救助责任。

理等方面的文件，为有效监控隐性债务奠定了基础。包括：①《地方政府债务信息公开办法（试行）》（财预〔2018〕209号）；②《国家发展改革委 财政部关于完善市场约束机制 严格防范外债风险和地方政府债务风险的通知》（发改外资〔2018〕706号）；③《关于进一步增强企业债券服务实体经济能力严格防范地方政府债务风险的通知》（发改办财金〔2018〕194号）；等等。

为加强政府债券信息透明化，2019年12月31日开始试运行中国地方政府债券信息公开平台，进一步推进和完善了政府债务信息的公开工作。

（二）北京市政府债务管理基本情况（1998—2020年）

在全国地方政府债务管理发展变化的大背景下，北京市政府债务管理也体现出与全国政府债务管理基本相同的阶段性特征。北京市作为首都，是全国的政治中心、经济中心，政府债务管理同时也体现出了自身的特点。同时，北京市政府债务管理水平处于比较靠前的位置，对其他地区具有一定的借鉴意义。

1. 北京市政府债务管理意识形成比较早，措施跟进到位

根据研究团队搜集整理到的资料显示，自1998年开始，北京市历年的财政预算执行情况和财政预算草案的报告，都会涉及政府债务管理，部分年份会披露政府债务信息。例如，《关于北京市1998年财政预算执行情况和1999年财政预算草案的报告》中提到利用好国债转贷收入，并出台《北京市利用

国债转贷资金管理办法》（京财建〔1998〕1084 号）以确保资金的及时拨付和使用；再如，2004 年发布的《关于北京市 2003 年财政预算执行情况和 2004 年财政预算草案的报告》中提出，设立偿债资金和处理历史遗留问题资金 12.0 亿元，规避政府债务风险，同时强化政府债务监管，实行全口径预算管理和对或有负债的有效监控，规避财政风险。

从这些文件可以看出，北京市管理政府债务的意识比较早，同时还出台了相应的实施措施及管理方法。为了进一步规范管理国债转贷收入，2005 年，北京市政府提出加强政府债务管理，建立“政府债务”专网，完成 2005 年度政府债务统计工作，实现对政府债务数据管理的动态化、系统化、规范化，并制定政府债务管理办法，健全政府债务预警机制，防范和化解政府债务风险；2007 年北京市政府提出完善政府债务专网实时监控系统，实现动态化、规范化管理，防范和化解政府债务风险；2008 年北京市政府提出安排偿债和处理历史遗留问题资金，规避政府债务风险。同时，北京市财政局金融处指出，要进一步完善政府债务管理基础工作，包括：一是对农业综合开发贷款项目实行逐级承借、统借统还，严格落实制度规定，明确资金使用范围和回收期限；二是开发北京市地面公共交通企业基础资料库管理系统，将市公交企业贷款情况纳入政府债务专网管理，根据公交基础数据资料开展有针对性的债务统计和分析；三是加强北京市利用外国政府贷款基础工作管理，针对债务数量大、种类多、币种复杂、数据口径不尽相同等情况，统一项目统计指标，保证数据的连续性。

2009 年之前，在全国地方政府债务发展的大背景下，北京市对地方政府债务的管理工作意识比较突出，管理措施跟进到位。不仅每年在政府的财政预算决算报告安排推进地方政府债务的管理工作，而且同步出台诸如“政府债务专网”等统计政府债务、规范债务管理以及防范债务风险等措施，为切实提高债务管理水平奠定了前期基础。

2. 北京市政府债务管理意识比较强

2009—2014 年是全国地方政府债务“前门和后门同时开”阶段，同时我国开始规范地方政府债务的管理工作。在此阶段，北京市开始探索编制政府债务预算、采取措施防范债务风险，并清理甄别政府存量债务。

1）探索编制政府债务预算

2009 年财政部下发《2009 年地方政府债券预算管理办法》（财预〔2009〕21 号，已废止），确定地方政府债券的含义，规定债券收支实行预算管理，市县政府使用债券收入的，由省级财政转贷，纳入市县财政预算；并要求在政府收支分类科目中计入政府债券的具体科目。在《关于北京市 2009 年市级决算和 2010 年上半年预算执行情况的报告》中，北京市公布财政部代发债券 56 亿元，认识到政府债务缺乏统筹管理，监管体系尚不健全，由此可能引致的财政风险需高度重视，确认 2010 年的工作重点之一为根据国务院精神，清理规范融资平台，强化统筹管理，探索编制政府债务预算，严格核算，完善监管，有效防范财政风险。

2）规范政府债务管理，防范债务风险

在审计署统一组织下，2010 年北京市对 1997—2010 年政府债务开展了审计工作。同时，在财政支出安排中，北京市一直具有防范债务风险的意识。在 2008 年的预算执行情况和预算草案报告中，就指出要安排偿债和处理历史遗留问题资金，规避政府债务风险，2010—2013 年每年在防范财政风险资金中安排 18 亿元用于偿债和处理历史遗留问题，防范债务风险。2013 年北京市指出，要着力防控政府性债务风险。对政府性债务实行计划管理，逐步推进

政府性债务纳入全口径预算管理工作，并报同级人民代表大会审查批准，积极消化存量债务，严格控制新增政府性债务，推动政府融资平台向规范化的市场经营性主体转变，防范债务风险。

3）开展地方政府存量债务清理甄别工作

作为自发自还的十个省市试点之一，北京市于2014年开展地方政府存量债务清理甄别工作，对5 652家事业单位实施产权登记工作，市与各区县全部试编权责发生制的政府综合财务报告，完善大额专项资金的管理制度，加大专项资金项目公开征集力度，率先通过财政综合数据中心信息化平台实现多部门收入大数据融合。

与此同时，北京市进一步规范地方政府债券发行和管理工作。建立规范的地方政府债券发行和管理机制，对地方政府债务实行限额控制和预算管理，推进绩效透明法治财政建设。进一步加大财政信息公开力度，重点推进财政政策、转移支付、绩效管理、政府债务、政府采购情况公开，并逐步将涉及面广、关注度高的行政事业性收费等予以公开，主动回应社会关切问题。

3. 规范地方政府债务管理，完善债务预算管理，科学防范债务风险

2015年及以后，北京市政府债务管理进入新的篇章。2015年颁布《北京市人民政府关于加强政府性债务管理的实施意见》（京政发〔2015〕61号），从政府举债融资机制、规模控制和预算管理、妥善处理存量债务、妥善处理融资平台公司在建项目后续融资、控制和化解政府性债务风险、完善相关配套制度以及加强组织领导等方面入手，为进一步规范北京市政府债务管理工作指明方向，并提出了具体措施。同时，下发了《北京市政府一般债券发行

兑付办法》，对一般债券发行的程序、兑付的方法以及公布信息的渠道进行了规定。

2016年公布《关于北京市政府债务管理情况及2016年预算调整方案的报告》，对截至2016年5月北京市政府债务管理的主要措施及成效进行了总结，并对2016年5月以后加强政府债务管理工作提出了主要思路，强调政府债务绩效管理、提高资金使用效益；提出创新政府债务管理方式，探索编制债务收支预算，建立政府债务管理信息化系统，对政府债务审批、债券发行、资金管理、风险预警等实行动态监控和规范管理，进一步推动北京市政府债务管理工作。

2017年颁布《北京市政府性债务风险应急处置预案》（京政办发〔2017〕34号），将政府性债务风险事件分为政府债务风险事件和或有债务风险事件，确立各部门在应对债务风险中的职责，对风险进行检测与报告，并对债务风险事件进行预警分级，根据风险预警级别确定了应急处置的不同措施。这份应急处置预案，切实提高了北京市政府性债务风险识别能力，加强了债务风险管控能力。

2017年及之后的北京市市级决算报告，开始报告政府债务管理情况，并公布债务相关数据。切实做到了依法规范地方政府债务管理，增强地方政府债务信息透明度，严格防范地方政府债务风险。2018年，财政部印发了《地方政府债务信息公开办法》（财预〔2018〕209号），对政府债务信息公开工作做出全面部署，提出更高要求。根据财政部债务信息公开要求，结合北京市实际情况，2019年北京市政府债务信息公开内容由原来仅公开北京市政府债务限额及余额决算情况一张表，扩充到三张表，新增了北京市2018年地方政府债券使用情况表和北京市2018年地方政府债务发行及还本付息情况表，首次公开了2018年北京市政府新增债券资金对应项目情况和2018年北京市政府债务还本付息情况等，为稳步推进政府债务信息“阳光化”打下了坚实基础，有利于更好地发挥社会公众对政府举债融资的监督作用，打好防范化解重大风险攻坚战。

4. 北京市政府债务管理工作表现突出，获得国家领导认可与肯定

2019 年财政部部长刘昆在全国财政工作会上专门传达了韩正副总理对北京市隐性债务有序化解并稳步下降的认可和肯定。在此基础上，北京市财政局印发了《北京市政府债务信息公开实施细则（试行）》，进一步改善政府债务信息公开工作。2019 年公布《2019 年北京市政府债券招标发行兑付办法》，2020 年公布《北京市政府专项债券全生命周期管理办法（试行）》，两份办法分别从政府债券招标发行兑付的流程，以及专项债券项目储备、发行、本息清偿全流程进行规范管理。2019 年和 2020 年北京市政府对政府债务的管理工作，主要体现在统一了债券发行到存续期公开的体系、格式，提高政府债务信息透明度，同时加强监管，有力地防范政府债务风险。这些工作，使得北京市政府债务管理机制进一步完善。

三、专题二：区域发展情况与地方政府债务基本情况

本书的主要目标是在考量区域发展不均衡的情况下，探究地方政府债务促进经济增长的最优规模。因此，本专题主要总结归纳我国东部、中部、西部和东北地区，在经济发展水平、财政状况、人口结构以及其他方面（主要包含城镇化率、社会固定资产投资和进出口贸易等）不均衡的现状。同时总结归纳 2015—2020 年我国地方政府债务在发行额、余额、偿债率等方面的基本情况，为实现本书主要研究目标奠定基础。

（一）区域发展情况

本专题对我国 31 个省区市 2006—2020 年的经济发展水平、财政状况、人口结构以及其他方面进行归纳总结。为了方便比较，本部分各二级指标均采取 2006—2020 年的平均值。

根据国家统计局统计分类标准，统计中所涉及的东部、中部、西部和东北地区的具体划分为：东部地区包括北京、天津、河北、上海、江苏、浙江、福建、山东、广东、海南 10 个省市；中部地区包括山西、安徽、江西、河南、

湖北、湖南 6 个省份；西部地区包括内蒙古、广西、重庆、四川、贵州、云南、西藏、陕西、甘肃、青海、宁夏、新疆 12 个省区市；东北地区包括辽宁、吉林和黑龙江 3 个省份。

1. 经济发展水平

1）2006—2020 年 31 个省区市平均 GDP 差异较大，区域差异比较明显

根据历年《中国统计年鉴》，对 31 个省区市 2006—2020 年平均 GDP 进行对比分析后，我们发现各省区市之间 GDP 水平差异较大，平均 GDP 排名第一的为广东省，平均 GDP 为 6.5 万亿元，约是排名最后的西藏平均 GDP 的 72 倍，具体见图 3-1。

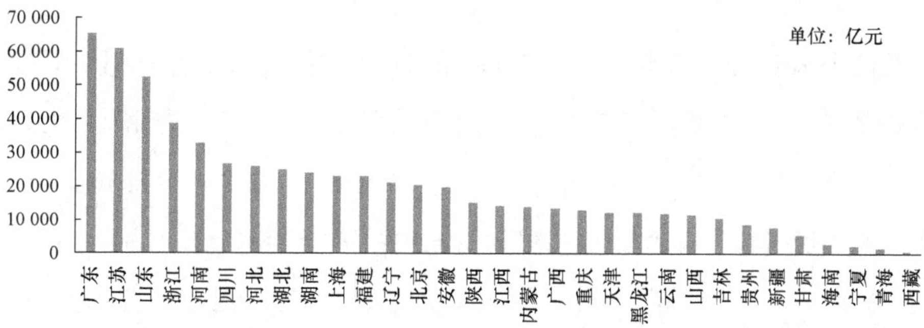

图 3-1　2006—2020 年各省区市平均 GDP 情况

2）31 个省区市平均人均 GDP 差异比较明显，但小于 GDP 的区域差异水平

各省区市人口数量不同，2006—2020 年各省区市平均人均 GDP 的水平也存在差异，但差异程度小于平均 GDP 区域差异程度，具体见图 3-2。平均人均 GDP 最高的地区为北京，上海和天津分列第二位和第三位，而平均人均

GDP 最低的三个地区分别为甘肃、贵州和云南。其中，北京平均人均 GDP（100 325 元）是甘肃（22 358 元）的 4.5 倍。总体来看，平均人均 GDP 在各省区市之间的差异程度明显小于 GDP 在各省区市之间的差异程度。

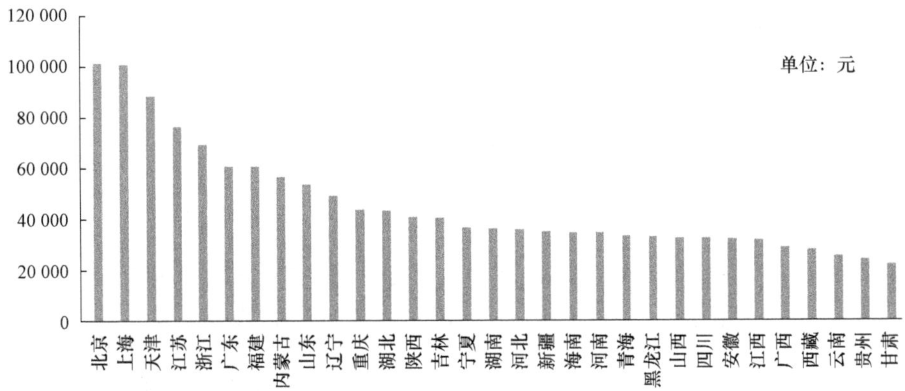

图 3－2　2006—2020 年各省区市平均人均 GDP

3）各省区市产业结构分布呈现明显的区域差异

我们将 2006—2020 年 31 个省区市第二产业占比与第三产业占比的平均值进行比较分析后发现，第三产业占比较高的前十省区市分别为北京、上海、西藏、天津、海南、广东、浙江、贵州、甘肃和江苏，主要集中在东部地区，其中西藏、贵州和甘肃属于西部地区。排名靠后的十个省区市分别为河南、江西、陕西、河北、安徽、青海、广西、新疆、内蒙古和吉林，主要集中在中部地区，具体见图 3－3。

第二产业占比较高的前十省区市分别为陕西、河南、山西、青海、江西、山东、福建、江苏、河北和内蒙古，主要集中在中西部地区。排名靠后的十个省区市分别为北京、海南、西藏、上海、黑龙江、贵州、云南、甘肃、广西和新疆，主要集中在西部地区。其中，北京、海南和上海属于东部地区。

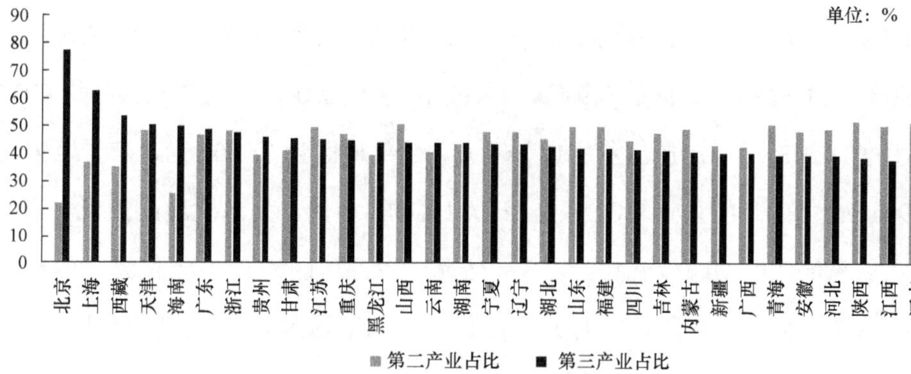

图 3－3　2006—2020 年各省区市平均第二产业占比和第三产业占比

4）东部、中部、西部、东北地区经济情况对比

由图 3－4 可以看出，2006—2020 年我国东部、中部、西部和东北地区平均经济发展情况，无论从 GDP 均值还是人均 GDP 水平看，基本都呈现出经济发展实力东部地区优于中部地区，中部地区优于东北地区，东北地区优于西部地区的特征。

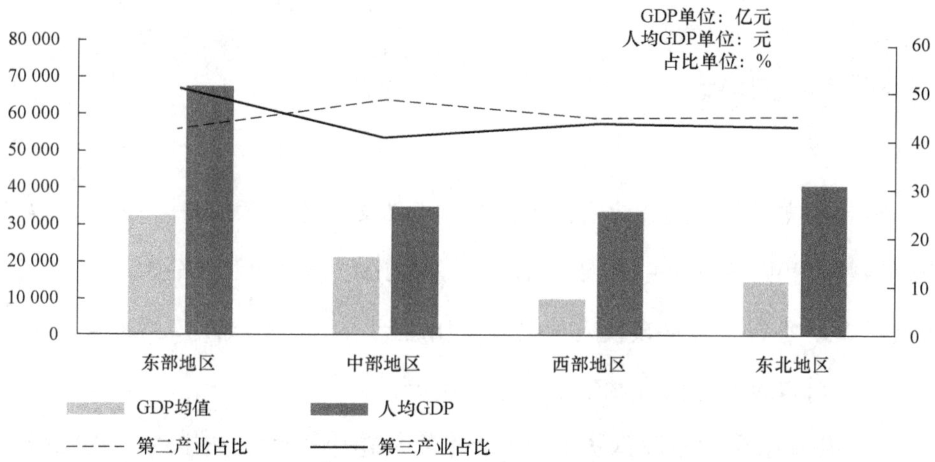

图 3－4　2006—2020 年东部、中部、西部和东北地区平均经济发展水平

我国区域经济发展一直存在差异性，但这一差距在国家出台的各种缩小差距的政策下，近年来有所缩小。2006 年东部地区 GDP 均值为 12 920 亿元，

中部地区为 7 247 亿元，西部地区为 3 362 亿元，东北地区为 6 597 亿元。东部地区 GDP 是西部地区的 3.9 倍，是东北地区的 2.0 倍。东部地区人均 GDP 均值为 31 323 元，中部地区为 12 256 元，西部地区为 11 504 元，东北地区为 17 901 元。东部地区人均 GDP 是西部地区的 2.7 倍，是东北地区的 1.7 倍。2020 年东部地区 GDP 均值为 52 575 亿元，中部地区为 37 041 亿元，西部地区为 17 744 亿元，东北地区为 17 041 亿元。东部地区 GDP 是西部地区的 3.0 倍，是东北地区的 3.1 倍。东部地区人均 GDP 为 101 400 元，中部地区为 60 600 元，西部地区为 55 373 元，东北地区为 50 769 元。东部地区人均 GDP 是西部地区的 1.8 倍，是东北地区的 2.0 倍。可以看出，东部、中部、西部地区 GDP 发展差距在逐渐缩小。

各地区产业结构的特征表现为第二产业占比中部地区高于西部地区和东北地区，西部地区和东北地区高于东部地区，而第三产业占比东部地区高于西部地区和东北地区，西部地区和东北地区高于中部地区，具体见图 3－4。

2. 财政状况

财政收支是影响地方政府债务的另一个重要因素。本部分分析 31 个省区市财政收入和财政支出占 GDP 之比，以及财政自给率和财政缺口。其中，财政自给率用各省区市财政收入与财政支出之比表示，财政缺口用各省区市财政支出与财政收入之差占财政收入之比表示。

1）各省区市财政收入占 GDP 之比的差距小于财政支出占 GDP 之比

比较 31 个省区市 2006—2020 年平均财政收入占 GDP 之比和财政支出占 GDP 之比，可以发现，31 个省区市平均财政收入占 GDP 之比排名前十的分别为上海、北京、海南、天津、山西、贵州、重庆、云南、新疆和广东。排名第一的上海平均财政收入占 GDP 之比为 18.8%，是排名最后的河南平均财政收入占 GDP 之比（6.9%）的 2.7 倍。具体见图 3－5。

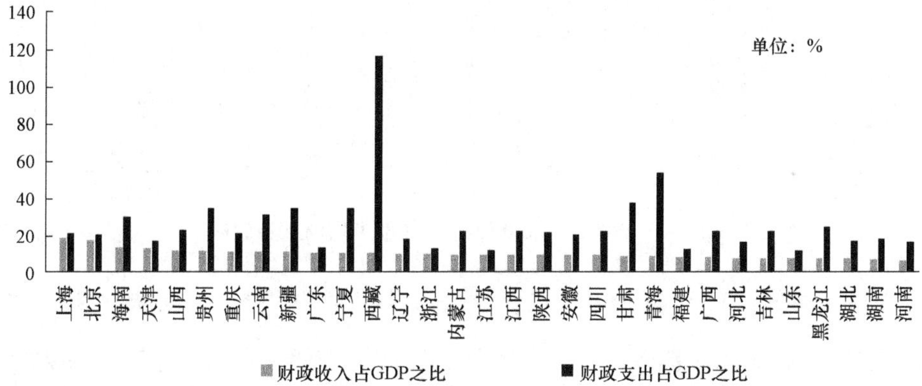

图 3－5　2006—2020 年各省区市平均财政收入与财政支出占 GDP 之比

31 个省区市平均财政支出占 GDP 之比排名前十的分别为西藏、青海、甘肃、贵州、新疆、宁夏、贵州、云南、海南和黑龙江，主要集中在西部地区，具体见图 3－5。而财政支出占 GDP 之比在各省区市之间的差异明显大于财政收入占 GDP 之比的差异。

2）各省区市平均财政自给率差异相对较大

由图 3－6 可知，31 个省区市平均财政自给率排名前十的省区市分别为上海、北京、广东、江苏、浙江、天津、山东、福建、辽宁和重庆，主要集中在东部地区。排名倒数的五个省区市分别为西藏、青海、甘肃、宁夏和新疆，主要集中在西部地区。其中，排名第一的上海平均财政自给率为 89.1%，是排名倒数第一的西藏（8.9%）的 10 倍，是青海的 5 倍。由此可见，各省区市平均财政自给率差异水平较大。

3）各省区市平均财政缺口差异相对较大

与财政自给率相比，财政缺口是反映地方政府财政状况的另一个重要指标。财政缺口和财政自给率相反，其值越大，表明地方政府财政压力越大。

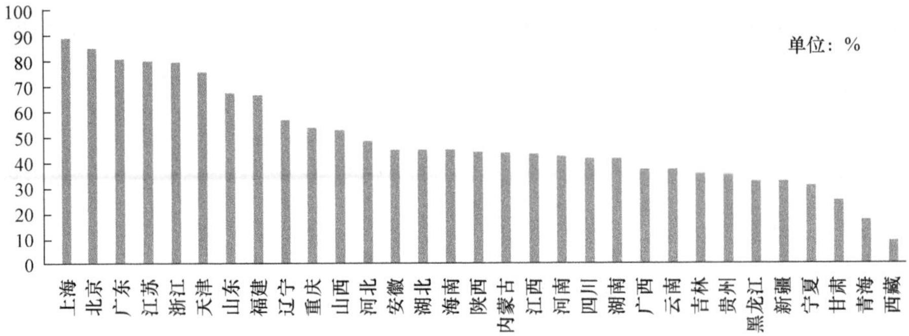

图 3－6　2006—2020 年各省区市平均财政自给率

由图 3－7 可知，31 个省区市平均财政缺口排名前十的分别为西藏、青海、甘肃、宁夏、黑龙江、新疆、贵州、吉林、云南和广西，主要集中在西部地区。排名倒数的五个省区市分别为上海、北京、广东、江苏和浙江，全部集中在东部地区。各省区市平均财政缺口差异水平较大，与财政自给率相配合，财政缺口和财政自给率表明，各省区市之间财政压力或者说财政状况差异比较大。

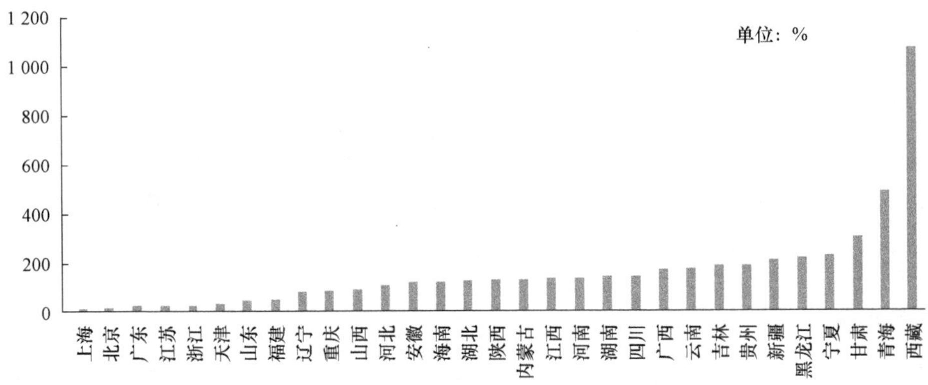

图 3－7　2006—2020 年各省区市平均财政缺口

4）各地区间平均财政状况差异较明显，西部地区政府财政压力比较突出

由上述分析及图 3－8 可知，我国地区财政状况差异较明显，主要体现为东部地区财政状况较好，政府财政压力相对较小；中部地区政府财政缺口高

于东部地区，财政缺口平均值为125.5%，政府财政压力相对较大；东北地区财政压力大于东部和中部地区。西部地区政府财政缺口更为明显，均值为277.5%，政府财政压力比较突出。

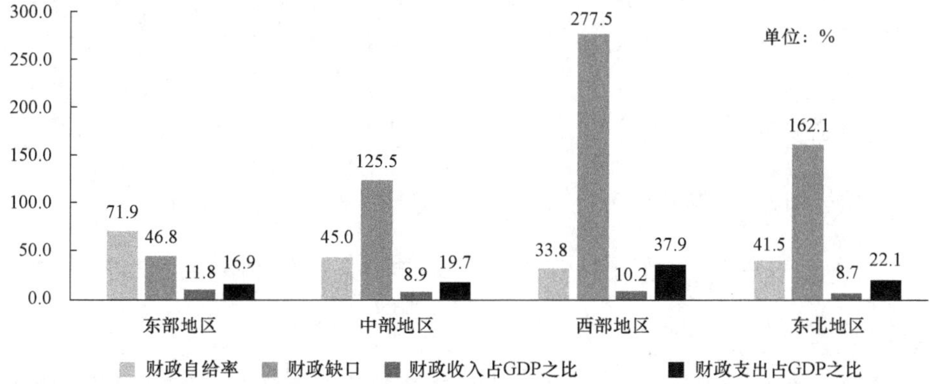

图3－8　2006—2020年东部、中部、西部、东北地区平均财政收支情况

3. 人口结构

31个省区市人口结构情况主要如图3－9～图3－11所示。各省区市老龄化、少年抚养比、总抚养比等情况差别也比较显著。

1）各省区市老龄化差别加大，主要体现为东部省区市较为明显

如图3－9所示，2006—2020年31个省区市平均老龄化水平（以65岁及以上老年人口占比表示）呈现出比较明显的差别。平均老龄化水平最高的前十名分别为重庆、四川、上海、江苏、辽宁、山东、安徽、湖南、天津和湖北，主要集中在东部和中部地区。平均老龄化水平最低的前十名分别为西藏、新疆、青海、宁夏、广东、海南、云南、山西、江西和内蒙古，主要集中在西部地区。老龄化水平最高的重庆（13.8%）是水平最低的西藏（5.8%）的2.4倍。

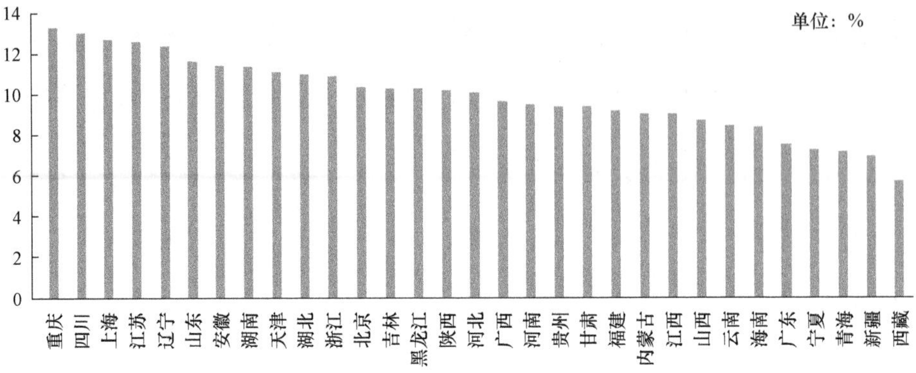

图 3-9　2006—2018 年各省区市平均 65 岁及以上老年人口占比

2）人口抚养比之差折射出未来省区市间人口红利或者人口压力差别较大

图 3-10 显示 2006—2020 年各省区市平均人口抚养比情况。从图中可以看出，平均总抚养比排名前十的省区市分别为贵州、广西、江西、河南、安徽、重庆、四川、湖南、西藏和新疆，主要集中在西部和中部地区，排名靠后的十个省区市分别为北京、上海、黑龙江、天津、吉林、内蒙古、辽宁、浙江、广东和山西，主要集中在东部地区。

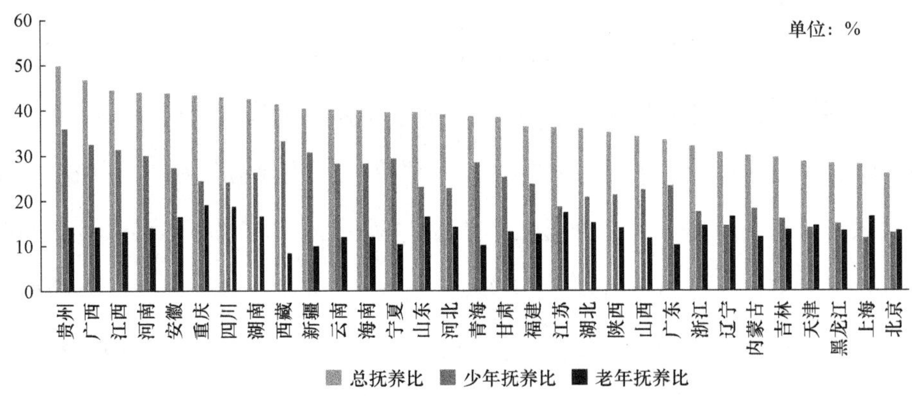

图 3-10　2006—2020 年各省区市平均人口抚养比情况

老年抚养比和少年抚养比之和构成总抚养比。老年抚养比和少年抚养比之差，反映出人口结构的变化，同时也反映未来各省区市的人口红利或者压力，而该差别在不同省区市之间的表现各异。在平均总抚养比排名前十的省区市中，主要特征体现为老年抚养比相对较低，而少年抚养比相对较高，反映出这些地区未来还有较大的人口红利。而在平均总抚养比排名靠后的十个省区市中，主要特征体现为老年抚养比相对较高，而少年抚养比相对较低，反映出这些地区未来会有较大的人口压力。例如，少年抚养比与老年抚养比之差，在贵州、广西和江西等地，分别为21.5%、18.1%和18.1%；而在北京、上海和黑龙江等地，两个抚养比之差分别为－0.5%、－4.8%和1.5%。

3）我国东部、中部、西部和东北地区人口结构差别明显

2006—2020年我国平均人口总抚养比显示出西部地区高于中部地区，中部地区高于东部地区的特征，具体见图3－11。从总抚养比上看，东部地区和东北地区抚养人口的压力相对较小。但是从人口老龄化的水平上看，东部地区高于中部地区，中部地区高于西部地区，东北地区老龄化水平最低。从人口抚养结构上看，东部地区老年抚养压力最大，中部地区次之，东北地区高于西部地区，西部地区老年抚养压力最小；西部地区少年抚养压力最大，中部地区次之，东部地区高于东北地区，东北地区少年抚养压力最小。这

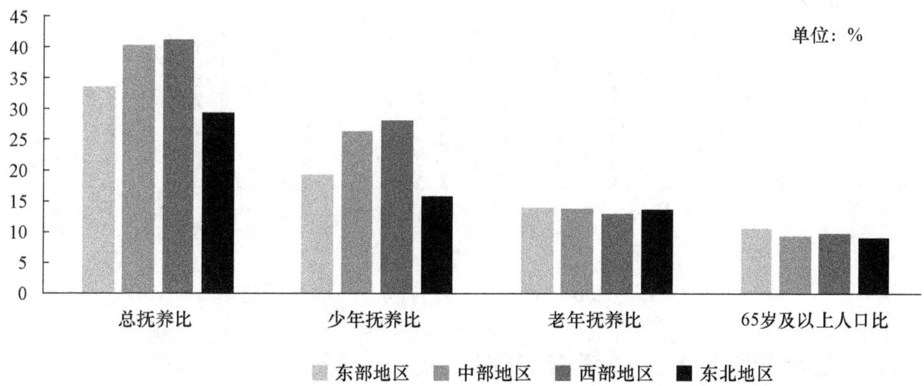

图3－11　2006—2020年东部、中部、西部和东北地区人口结构

一细化的人口抚养结构，体现出未来西部地区还存在较大的人口红利，而东部地区的人口压力则较大。这样的人口结构可能会对经济、财政以及社会发展等方面产生较大的影响，值得引起重视。

4. 其他方面情况

为了更好地展现各地区经济社会发展情况，我们还对 2006—2020 年各省区市平均城镇化水平、全社会固定资产投资以及进出口贸易情况进行分析与比较。

1）城镇化率差别显著

我们以城镇人口占总人口比重（城镇化率）来表示城镇化水平，由图 3－12 可以看出，我国 31 个省区市平均城镇化率差异较大，上海平均城镇化率（88.8%）排在全国首位，是西藏平均城镇化率（26.3%）的 3.4 倍。

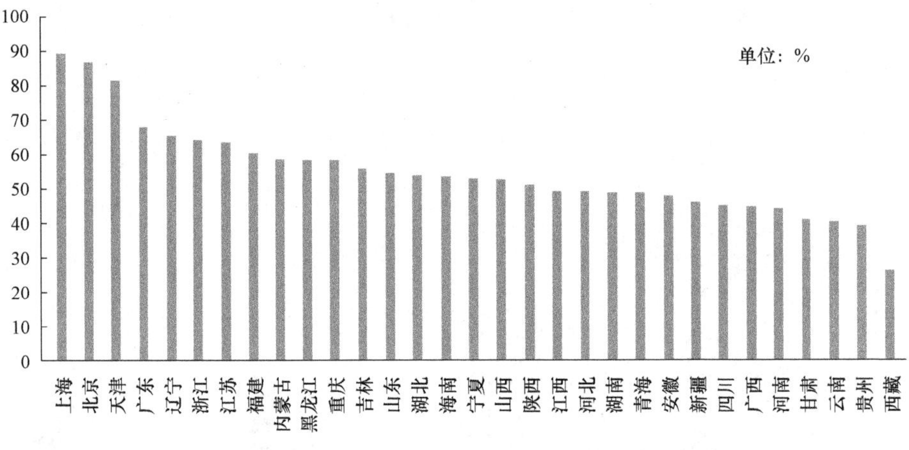

图 3－12　2006—2020 年各省区市平均城镇化率

2）全社会固定资产投资占 GDP 之比差别较大

我们用全社会固定资产投资占 GDP 之比来表示 31 个省区市全社会固定

资产投资的基本情况。由图 3－13 可以看出，2006—2020 年西藏平均全社会固定资产投资占 GDP 之比排在全国首位，这可能和西藏本身基础设施建设水平相对落后，近年来国家出台相关政策加大其基础设施等方面建设有关。而上海、北京、广东等地由于基础设施水平较高，因此，近年来其全社会固定资产投资占 GDP 之比均值不到 40%。

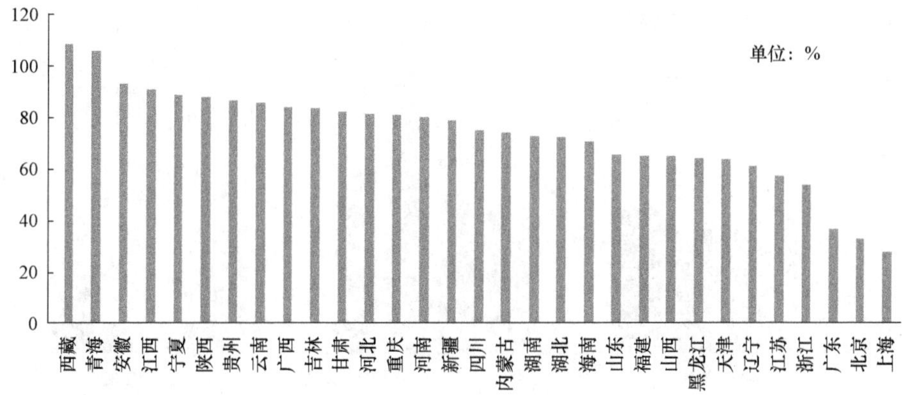

图 3－13　2006—2020 年各省区市平均全社会固定资产投资占 GDP 之比

3）外贸依存度差异明显

我们用进出口贸易值占GDP之比来表示各省区市外贸依存度。由图3－14可见，2006—2020 年我国 31 个省区市外贸依存度差异较明显，这与各省区市的地理位置以及经济发展程度、产业结构等关系比较密切。

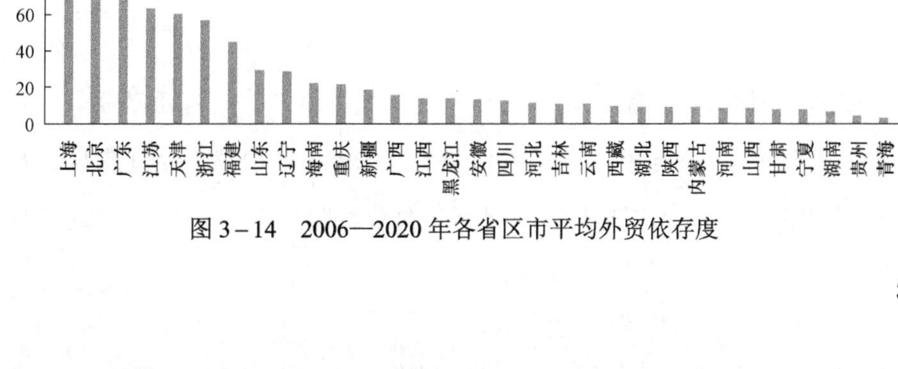

图 3－14　2006—2020 年各省区市平均外贸依存度

4）我国东部、中部、西部和东北地区其他经济方面的差异情况

我们对东部、中部、西部和东北地区城镇化水平、全社会固定资产投资以及外贸依存度进行比较，得出城镇化水平呈现由东向东北向中然后向西递减的趋势，全社会固定资产投资呈现由东向东北向中向西递增的趋势，而外贸依存度则呈现明显的东部地区更具优势，东北地区优于中部地区，中部地区略优于西部地区的趋势，具体见图3－15。

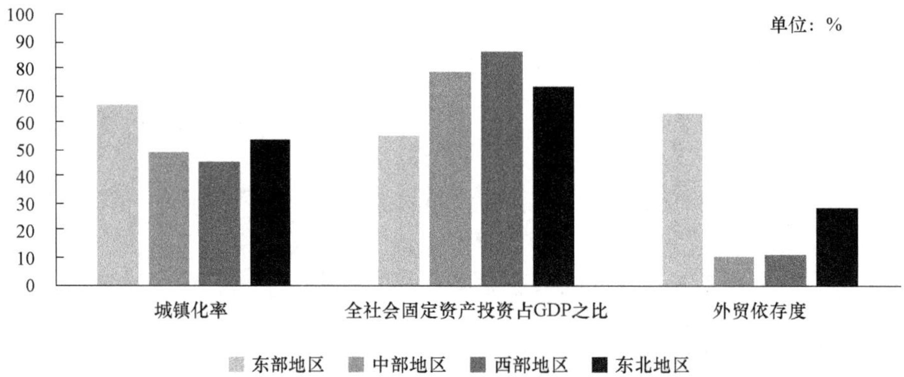

图3－15　2006—2020年东部、中部、西部和东北地区其他经济方面的差异情况

（二）地方政府债务基本情况

1. 数据说明

地方政府债务的数据获取难度较大，截至目前中国仍未建立专门针对地方政府债务的官方数据库，国家审计署掌握的地方政府债务审计数据公开的程度也比较有限。由于研究团队的债务数据库跟踪完善至2018年，为了与前

述分析相一致，本部分我们采用中国地方政府债券信息公开平台中的数据对2015—2020年全国及31个省区市地方政府债券信息进行归纳总结。

2. 2015—2020年地方政府债务整体情况

1）地方政府债务余额在债务限额范围内，增长幅度有提高

伴随我国《预算法》及政府债务管理相关规定的出现，我国地方政府债务要在限额内发行。由图3－16可以看出，2015年我国地方政府债务限额为160 074亿元，2020年限额增长至288 074亿元。新增债务限额由2015年的6 000亿元增长至2020年的47 300亿元，见图3－17。其中，专项债务新增限额高于一般债务新增限额。与此同时，2015年地方政府债务余额为147 568亿元，2020年增至256 611亿元，均在限额内发行，具体见图3－18。从增长速度看，2016—2020年，我国地方政府债务余额增长速度分别为4.06%、7.52%、11.82%、15.43%和20.42%，债务余额增速呈现递增趋势。

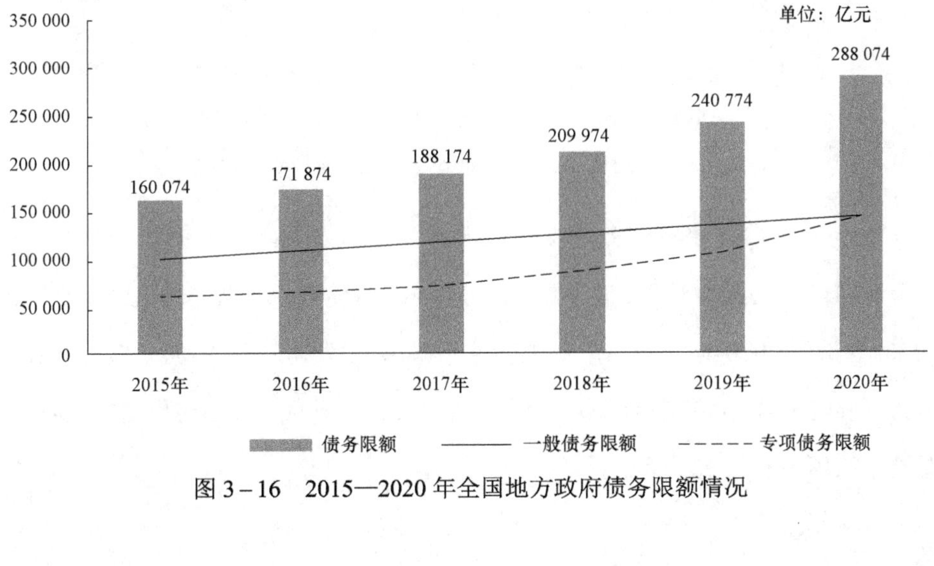

图3－16　2015—2020年全国地方政府债务限额情况

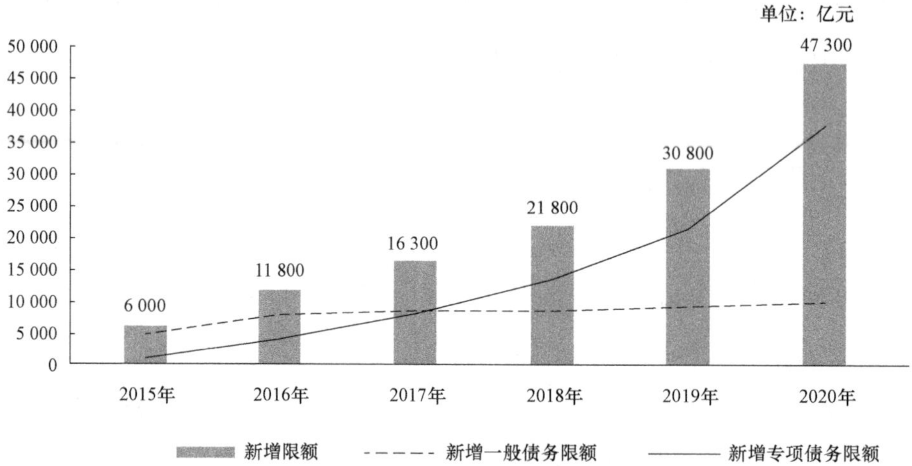

图 3－17　2015—2020 年全国地方政府新增债务限额情况

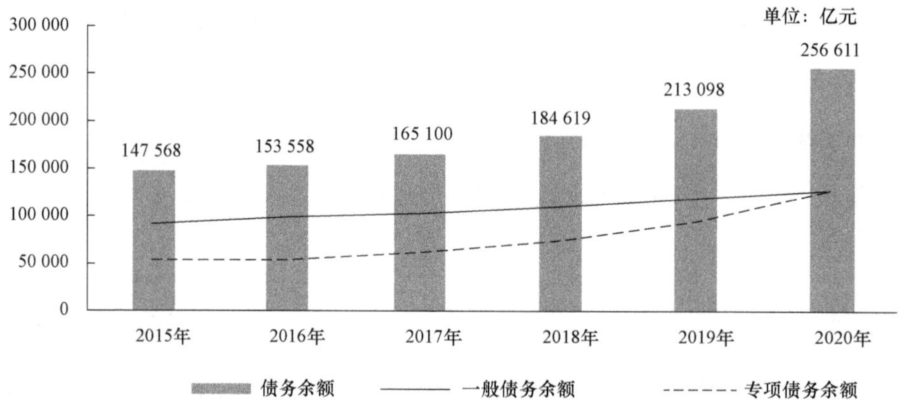

图 3－18　2015—2020 年全国地方政府债务余额情况

2015 年以后，政府债务分为一般债务和专项债务，一般债务余额增长率低于专项债务余额增长率。由表 3－1 可知，一般债务余额增长率由 2016 年的 6.15%增长至 2020 年 7.35%，专项债务余额增长率由 2016 年的 0.54%增长至 2020 年的 36.84%。专项债务余额增长率大大高于一般债务余额，这主要和专项债务的用途有较大关系。

表 3－1　2015—2020 年全国地方政府债务余额基本情况

指标名称	2015 年	2016 年	2017 年	2018 年	2019 年	2020 年
债务余额/亿元	147 568	153 558	165 100	184 619	213 098	256 611
一般债务余额/亿元	92 619	98 313	103 632	110 485	118 671	127 393
专项债务余额/亿元	54 949	55 245	61 468	74 134	94 427	129 217
债务余额增长率/%	—	4.06	7.52	11.82	15.43	20.42
一般债务余额增长率/%	—	6.15	5.41	6.61	7.41	7.35
专项债务余额增长率/%	—	0.54	11.26	20.61	27.37	36.84

2）全国地方政府债券余额增长幅度减缓，发行额呈现下降趋势

在全国地方政府债务限额发行的情况下，我国地方政府债券余额呈现出增长幅度减缓的趋势。如表 3－2 和图 3－19 所示，2015 年我国地方政府债券余额为 48 260 亿元，2020 年增长至 254 864 亿元，增长率由 2016 年的 120.23% 下降至 2020 年的 20.68%，说明我国地方政府债券发行规模有所下降。其中，一般债券余额增长率呈下降趋势，专项债券余额增长率高于一般债券余额增长率。此外，一般债券余额占政府债券余额的比重由 2015 年的 80%下降至 2020 年的 50%。

表 3－2　2015—2020 年全国地方政府债券余额及增长情况

指标名称	2015 年	2016 年	2017 年	2018 年	2019 年	2020 年
债券余额/亿元	48 260	106 282	147 448	180 711	211 183	254 864
一般债券余额/亿元	38 516	71 420	92 624	108 095	117 137	125 937
专项债券余额/亿元	9 744	34 862	54 824	72 615	94 046	128 927
债券余额增长率/%	—	120.23	38.73	22.56	16.86	20.68
一般债券余额增长率/%	—	85.43	29.69	16.70	8.36	7.51
专项债券余额增长率/%	—	257.78	57.26	32.45	29.51	37.09

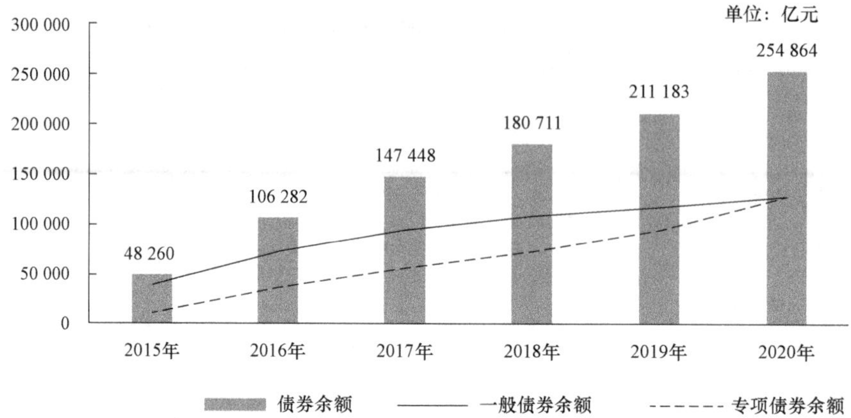

图 3－19　2015—2020 年全国地方政府债券余额情况

与此同时，政府债券发行额呈现不断下降的特征。如图 3－20 所示，2015—2020 年，我国地方政府债券发行额主要呈现下降并保持稳定的趋势，2017—2019 年债券发行额维持在 43 000 亿元左右。2020 年由于疫情的原因，政府债券发行额增长至 64 000 亿元左右。其中，一般债券发行额与全国地方政府债券发行额的趋势一致，而专项债券发行额则呈现不断上升的趋势，由 2015 年的 9 744 亿元增长至 2020 年的 41 404 亿元。

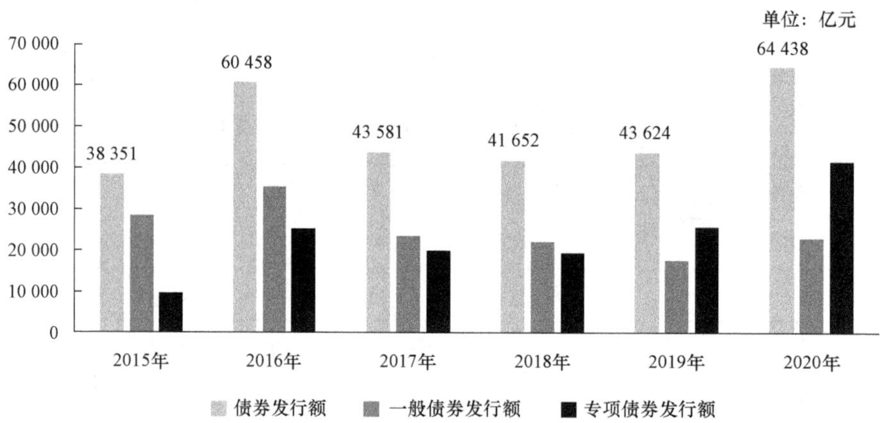

图 3－20　2015—2020 年全国地方政府债券发行额情况

新增债券发行额呈稳中上升的趋势，其中，新增一般债券发行额比较稳定，而新增专项债券发行额增长较快，如图 3－21 所示。

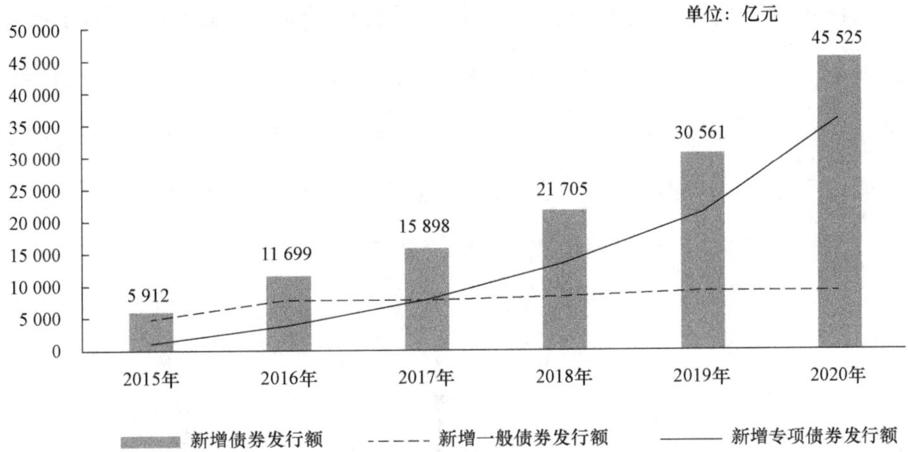

图 3－21　2015—2020 年全国地方政府新增债券发行额情况

3. 东部地区各省市政府债务情况

1）东部地区各省市债务余额呈缓慢上升趋势，各省市间差异较大

2015—2020 年东部地区 10 个省市地方政府债务余额均呈上升趋势，其中，江苏、山东和广东债务余额体量较大，海南债务余额体量相对较小，如图 3－22 所示。

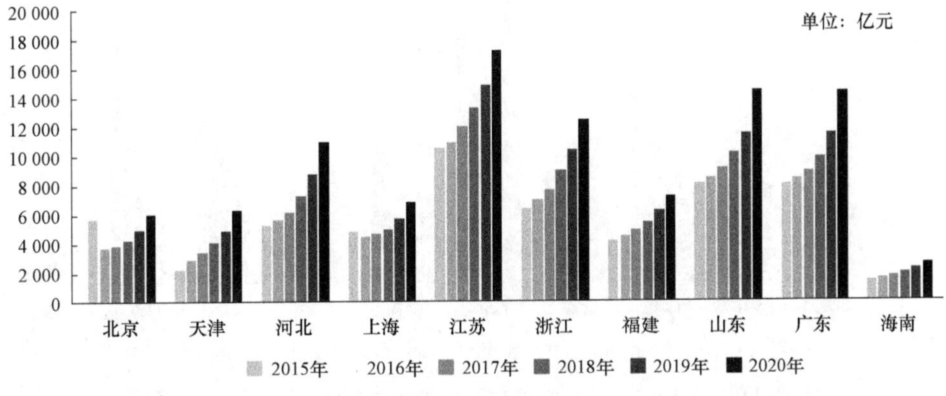

图 3－22　2015—2020 年东部地区各省市地方政府债务余额情况

2）东部地区各省市债券发行额呈现先下降后上升的趋势

东部地区各省市地方政府债务限额不断上升，但上升幅度呈现减少趋势，具体如图 3－23 所示。在各省市债务限额范围内，东部 10 个省市政府债券发行额存在较大的差别。如图 3－24 所示，2017 年和 2018 年政府债券发行额出现下降，其他年份均呈现上升趋势。与地方政府债务余额一致，江苏、山东和广东是东部地区地方政府债券发行额较高的 3 个省份。

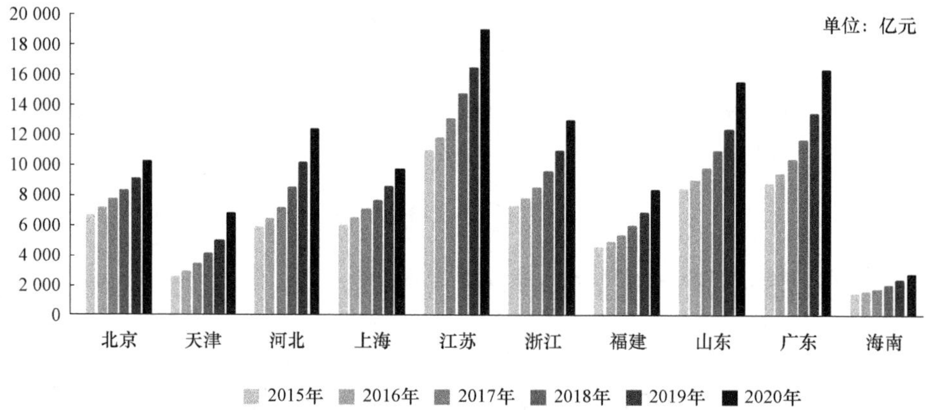

图 3－23　2015—2020 年东部地区各省市地方政府债务限额情况

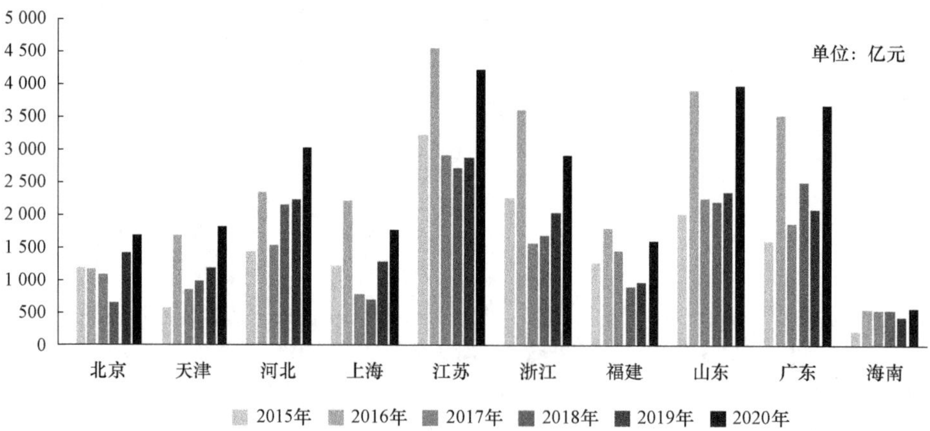

图 3－24　2015—2020 年东部地区各省市地方政府债券发行额情况

与债券发行额相对应，10 个省市政府债券余额呈现上升趋势，其中，江苏、山东和广东政府债券余额体量较大，浙江和河北债券余额体量次之，海南政府债券余额体量相对最小，具体见图 3 – 25。

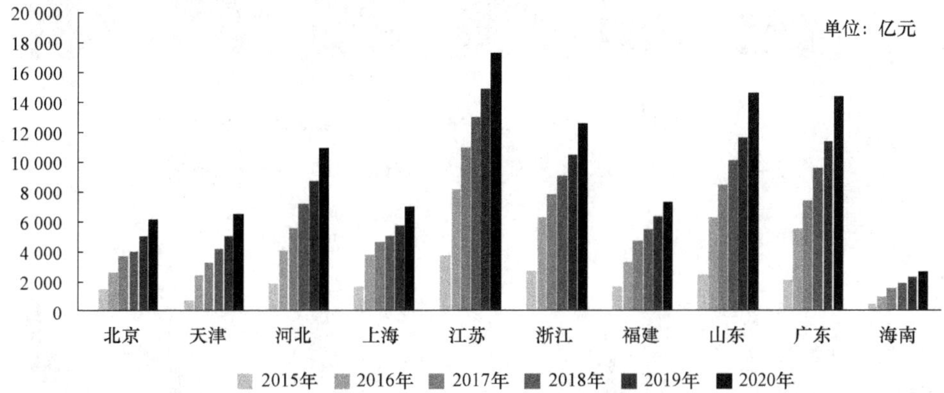

图 3 – 25　2015—2020 年东部地区各省市地方政府债券余额情况

4. 中部地区各省份政府债务情况

1）中部地区各省份债务余额呈缓慢上升趋势，各省份间差异不明显

2015—2020 年中部地区 6 个省份地方政府债务余额均呈上升趋势，其中，山西债务余额增长幅度较小。其余省份债务余额均有不同程度的上升，但债务余额体量差异不大，具体见图 3 – 26。

2）中部地区各省份债券发行额呈现先下降后上升的趋势

中部地区各省份地方政府债务限额呈不断上升趋势，具体见图 3 – 27。在各省份债务限额范围内，中部 6 个省份政府债券发行额存在较大的差别。如图 3 – 28 所示，与东部地区省市一样，2017 年中部地区各省份政府债券发行额出现下降，其他年份均呈现上升趋势。其中，山西和江西债券发行额相对较少，其他省份债券发行额体量相差不大。

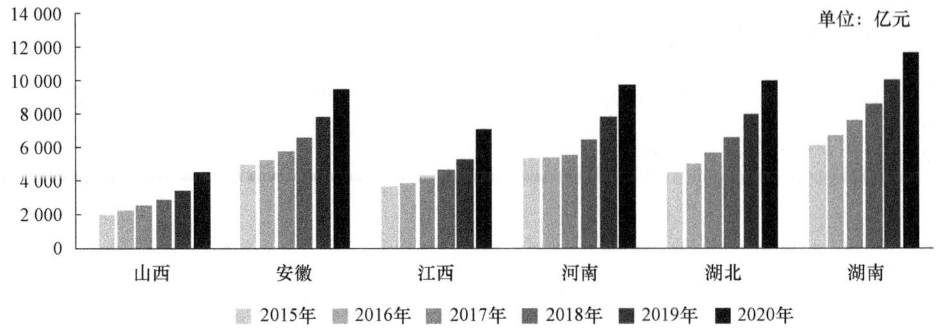

图 3－26　2015—2020 年中部地区各省份地方政府债务余额情况

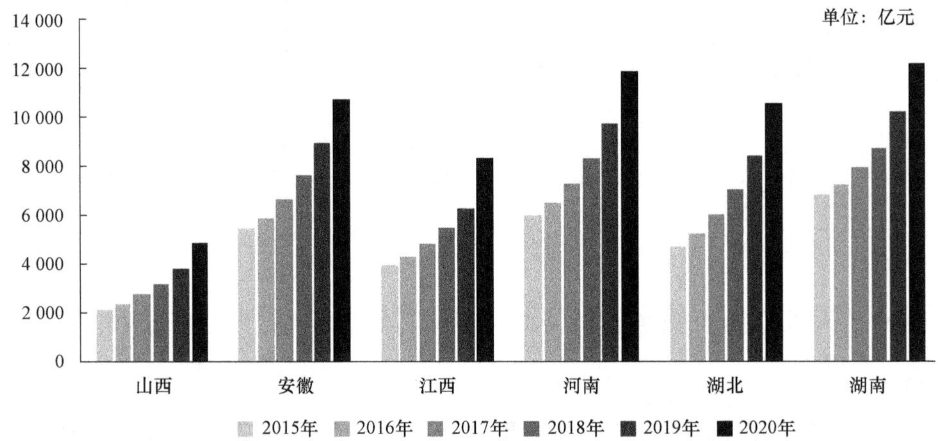

图 3－27　2015—2020 年中部地区各省份地方政府债务限额情况

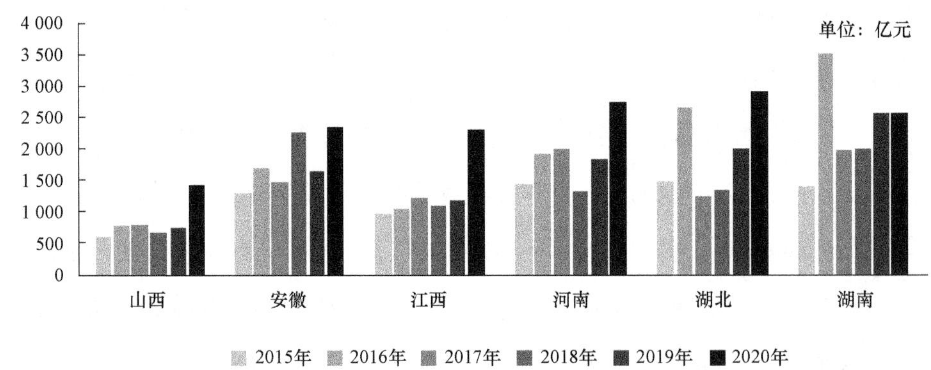

图 3－28　2015—2020 年中部地区各省份地方政府债券发行额情况

与债券发行额相对应，6 个省份政府债券余额呈现上升趋势，其中，湖南政府债券余额体量较大，安徽、湖南和湖北债券余额体量次之，山西政府债券余额体量相对最小，具体见图 3－29。

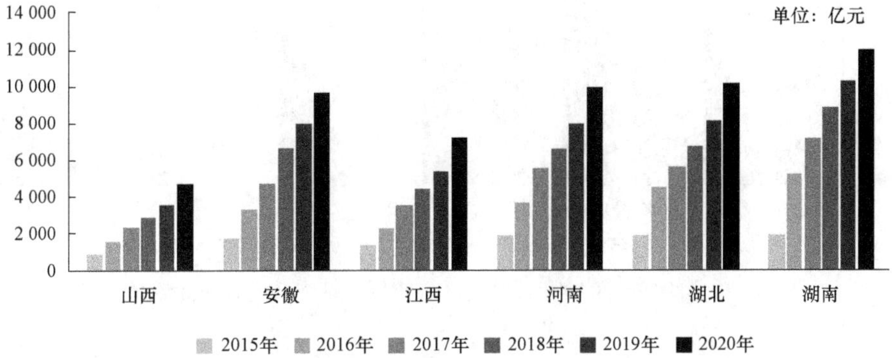

图 3－29　2015—2020 年中部地区各省份地方政府债券余额情况

5. 西部地区各省区市政府债务情况

1）西部地区各省区市债务余额呈缓慢上升趋势，各省区市间差异明显

2015—2020 年西部地区 12 个省区市地方政府债务余额均呈上升趋势，其中，四川、贵州和云南债务余额体量较大，西藏债务余额体量最低，宁夏和青海债务余额体量相对较小，具体见图 3－30。

2）西部地区各省区市债券发行额呈现先下降后上升的趋势

西部地区各省区市地方政府债务限额不断上升，但差别较大。其中，西藏债务限额最低，与其他省区市相比差别较大，具体见图 3－31。在各省区市债务限额范围内，西部 12 个省区市政府债券发行额存在较大的差别。如图 3－32 所示，2017 年政府债券发行额出现下降，其他年份均存呈现上升趋势。与地方政府债务余额一致，四川、贵州和云南是西部地区地方政府债券发行额较高的 3 个省份。

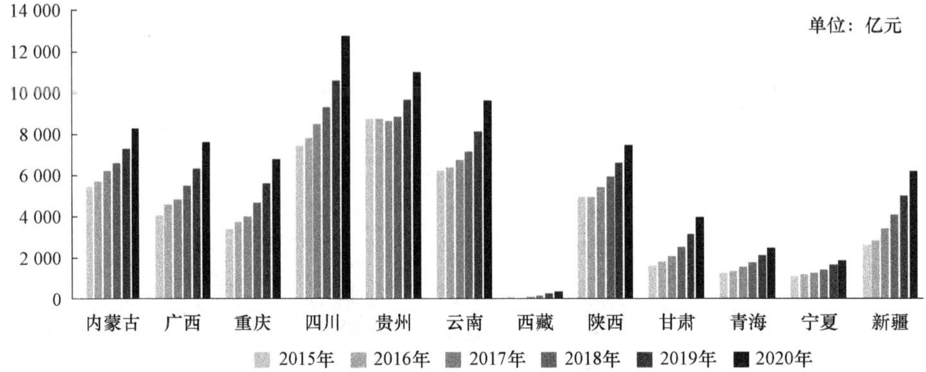

图 3-30　2015—2020 年西部地区各省区市地方政府债务余额情况

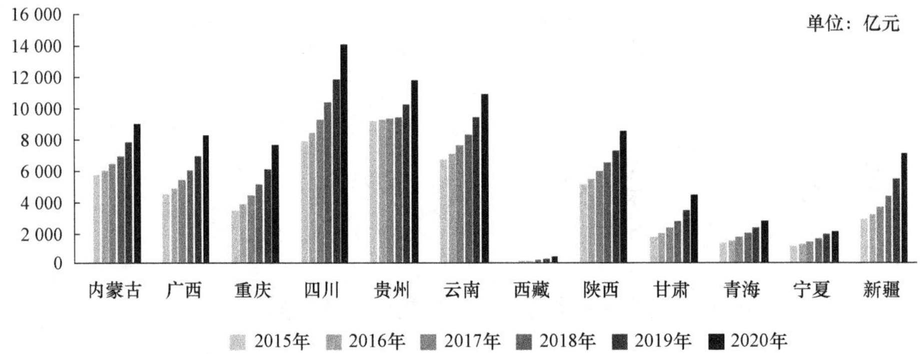

图 3-31　2015—2020 年西部地区各省区市地方政府债务限额情况

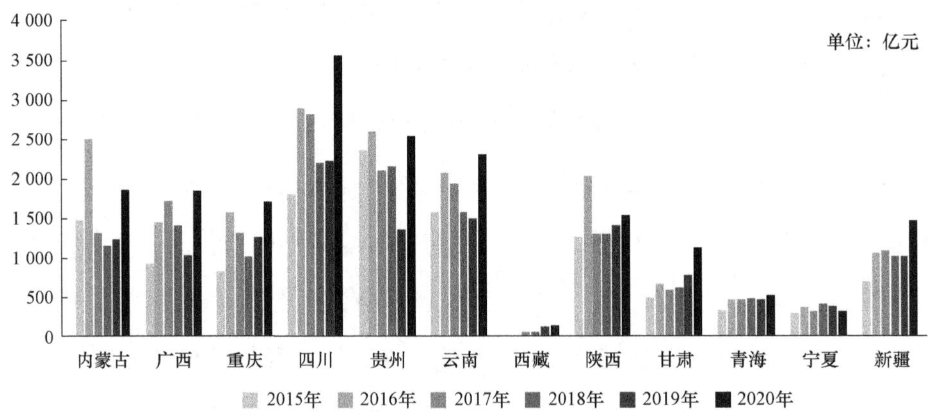

图 3-32　2015—2020 年西部地区各省区市地方政府债券发行额情况

与债券发行额相对应，12 个省区市政府债券余额呈现上升趋势，其中，四川、贵州和云南政府债券余额体量较大，陕西、广西和重庆债券余额体量次之，西藏政府债券余额体量相对最小，具体见图 3－33。

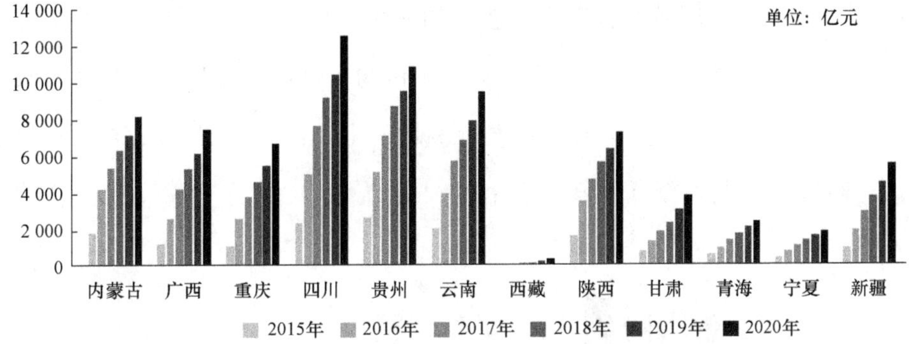

图 3－33　2015—2020 年西部地区各省区市地方政府债券余额情况

6. 东北地区各省份政府债务情况

1）东北地区各省份债务余额呈缓慢上升趋势，各省份间差异明显

2015—2020 年东北地区 3 个省份地方政府债务余额均呈上升趋势，其中，辽宁债务余额体量较大，吉林和黑龙江相对较小，具体见图 3－34。

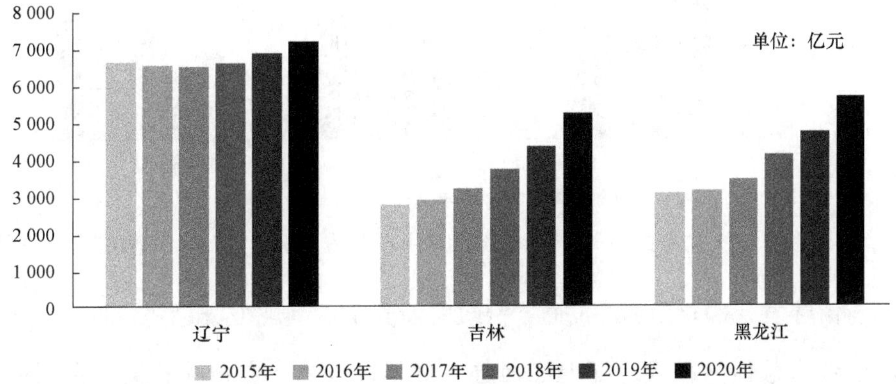

图 3－34　2015—2020 年东北地区各省份地方政府债务余额情况

2）东北地区各省份债券发行额呈现先下降后上升的趋势

东北地区 3 个省份地方政府债务限额不断上升，其中，辽宁债务限额上涨幅度低于吉林和黑龙江，具体见图 3－35。在各省份债务限额范围内，东北地区 3 个省份政府债券发行额存在较大的差别。如图 3－36 所示，2017 年和 2018 年政府债券发行额出现下降，其他年份均存呈现上升趋势。与地方政府债务余额一致，辽宁地方政府债券发行额均高于其他 2 个省份，而 2020 年辽宁地方政府债券发行额低于其他 2 个省份。

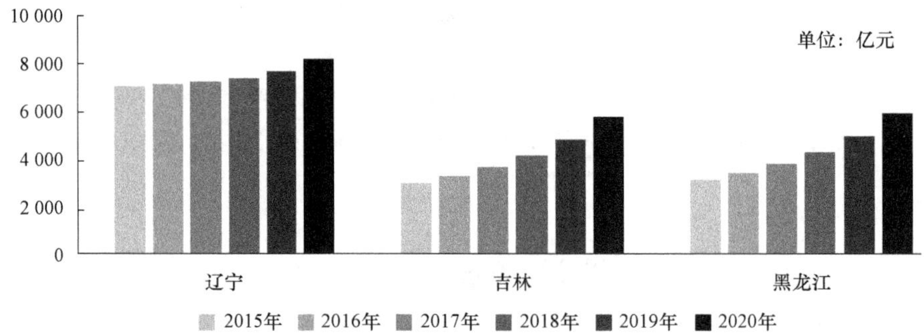

图 3－35　2015—2020 年东北地区各省份地方政府债务限额情况

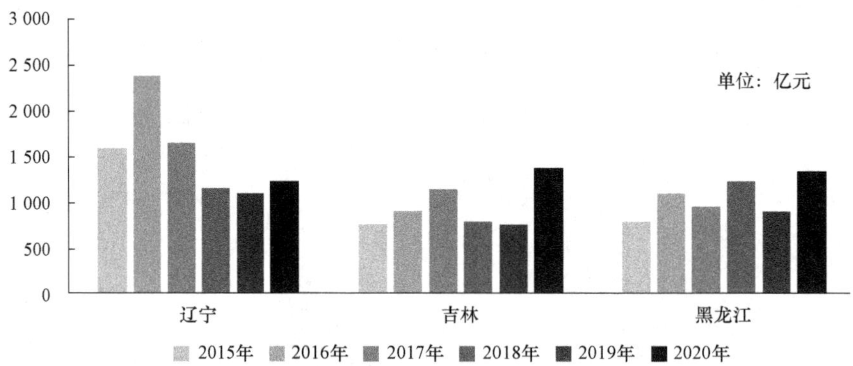

图 3－36　2015—2020 年东北地区各省份地方政府债券发行额情况

与债券发行额相对应，3 个省份政府债券余额呈现上升趋势，其中，辽宁政府债券余额体量较大，黑龙江债券余额体量次之，吉林政府债券余额体量相对最小，具体见图 3－37。

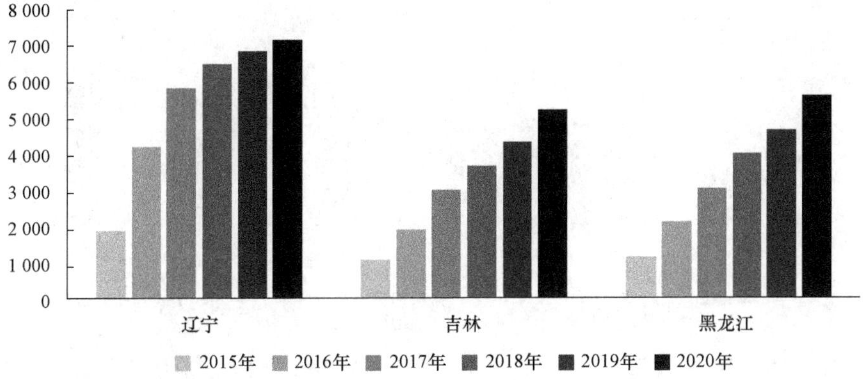

图 3－37　2015—2020 年东北地区各省份地方政府债券余额情况

7. 各地区地方政府债务差异较大

1）地方政府债务余额区域差异明显

2015—2020 年我国地方政府债务余额区域差异明显，整体看东部地区政府债务余额最高，中部地区次之，西部地区和东北地区最低。从政府债务余额增长率看，四个地区增长率均呈现逐年增长的趋势。2017—2019 年东部地区和中部地区债务余额增长率差别不大，均高于西部地区和东北地区，2020 年增长率呈现出东部地区高于中部地区高于西部地区高于东北地区的特征，具体见图 3－38。

（2）地方政府债务限额区域差异明显，增长率差别不大

2015—2020 年我国地方政府债务限额区域差异明显，整体看东部地区政府债务限额最高，中部地区次之，东北地区和西部地区最低。从政府债务限额增长率看，四个地区增长率均呈现逐年增长的趋势。2016—2020 年东部、中部和西部地区债务限额增长率差别不大，均高于东北地区，具体见图 3－39。

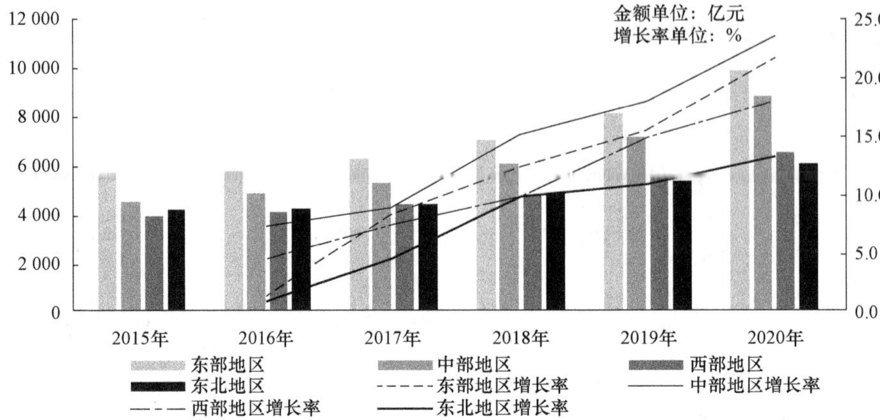

图 3－38　2015—2020 年东部、中部、西部和东北地区地方政府债务余额情况

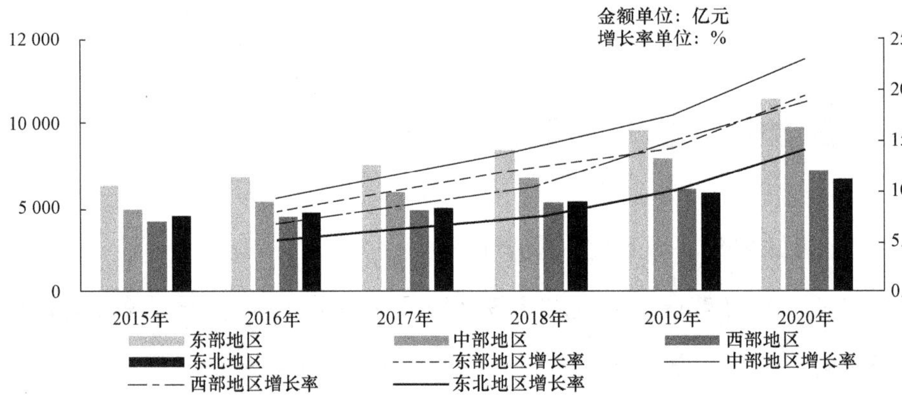

图 3－39　2015—2020 年东部、中部、西部和东北地区地方政府债务限额情况

3）地方政府债券发行额区域差异明显，呈现趋于稳定的趋势

2015—2020 年我国地方政府债券发行额区域差异明显，整体看东部地区政府债券发行额最高，中部地区次之，西部地区和东北地区最低。从政府债券发行额增长率看，东部、中部和西部三个地区增长率均呈现先下降后逐年增长的趋势，东北地区呈现比较稳定的趋势。2017 年除了东北地区，三个地区政府债券发行额均有大幅下降，2017—2020 年三个地区债券发行额增长率均有所上升，且由东部地区高于中部地区、中部地区高于西部地区的趋势向

三个地区增长率趋于持平转变，具体见图 3－40。

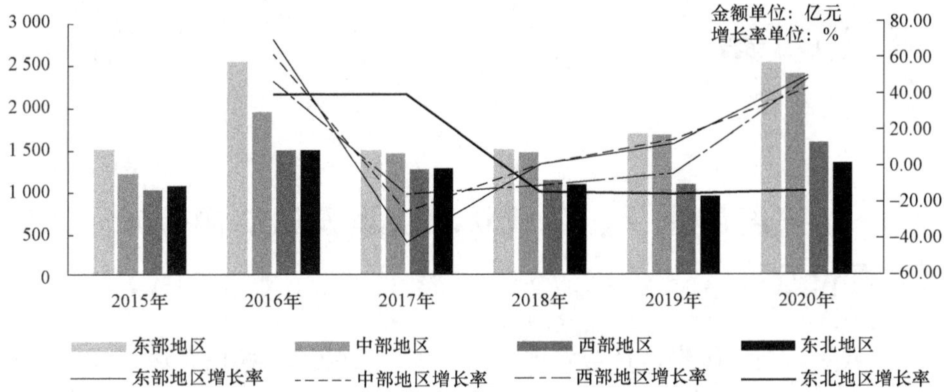

图 3－40　2015—2020 年东部、中部、西部和东北地区地方政府债券发行额情况

4）地方政府债券余额区域差异明显，不断上涨中的增长率趋于稳定

2015—2020 年我国地方政府债券余额区域差异明显，整体看东部地区政府债券余额最高，中部地区次之，西部地区低于中部地区，东北地区最低。从政府债券余额增长率看，四个地区增长率均呈现先下降后趋于稳定的趋势。2017 年四个地区政府债券余额均有大幅下降，2018 年之后四个地区债券余额增长率基本稳定，保持在 20%左右。具体见图 3－41。

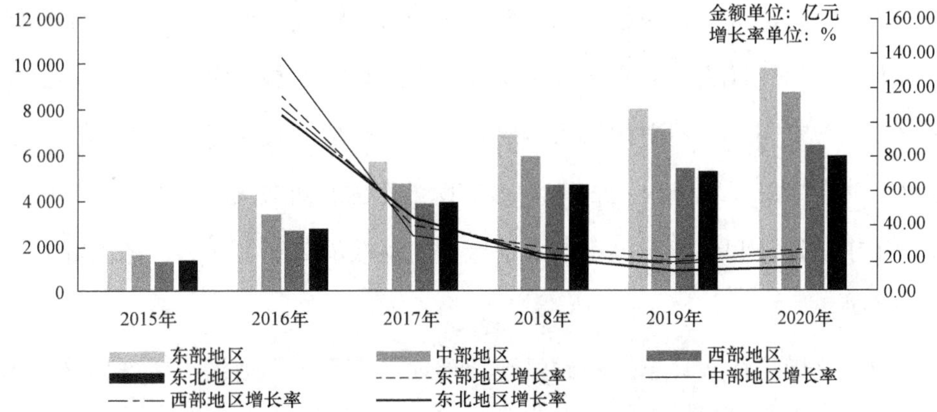

图 3－41　2015—2020 年东部、中部、西部和东北地区地方政府债券余额情况

（三）小结

1. 经济发展水平、财政状况以及人口结构等方面的区域差异情况

区域差异是我国经济社会发展中的一大现实特点。根据区域划分，本专题对我国东部、中部、西部和东北地区 2006—2020 年的经济社会发展主要层面进行对比分析。分析得出以下结论。

（1）经济发展水平区域差异明显。无论从 GDP 还是人均 GDP 水平看，基本都呈现出经济发展实力东部地区优于中部地区，中部地区优于东北地区，东北地区优于西部地区的特征。但这一差距近年来有所缩小。东部、中部、西部和东北地区产业结构的特征表现为第二产业占比中部地区高于西部地区和东北地区，西部地区和东北地区高于东部地区，而第三产业占比东部地区高于西部地区和东北地区，西部地区和东北地区高于中部地区。

（2）东部、中部、西部和东北地区平均财政情况差异较明显，西部地区政府财政压力比较突出。我国地区财政情况差异较明显，主要体现为东部地区财政状况较好，政府财政压力相对较小；中部地区政府财政缺口高于东部地区，财政缺口平均值为 125.5%，政府财政压力相对较大；东北地区财政压力大于东部地区和中部地区；西部地区政府财政缺口更为明显，政府财政压力比较突出。

（3）我国平均人口总抚养比呈现西部地区高于中部地区，中部地区高于东部地区，东部地区高于东北地区的特征。从总抚养比上看，东部地区抚养

人口的压力相对较小。从人口抚养结构看，东部地区老年抚养压力最大，中部地区次之，东北地区高于西部地区，西部地区老年抚养压力最小；西部地区少年抚养压力最大，中部地区次之，东部地区高于东北地区，东北地区少年抚养压力最小。这一细化的人口抚养结构，体现出未来西部地区还存在较大的人口红利，而东部地区的人口压力则较大。这样的人口结构可能会对经济、财政以及社会发展等方面产生较大的影响，值得引起重视。

（4）我们对东部、中部、西部和东北地区城镇化、全社会固定资产投资以及外贸依存度进行区域比较，得出城镇化呈现由东向东北向中然后向西递减的趋势，全社会固定资产投资呈现由东向东北向中向西递增的趋势，而外贸依存度则呈现明显的东部地区更具优势，东北地区优于中部地区，中部地区略优于西部地区的趋势。

2. 地方政府债务限额、余额以及发行额等方面的区域差异情况

为了更全面地掌握地方政府债务的现实情况，我们采用中国地方政府债券信息公开平台中的数据对 2015—2020 年全国及 31 个省区市地方政府债券信息进行归纳总结，分析得出以下结论。

（1）地方政府债务余额在债务限额范围内，债务余额增速呈现递增趋势。其中，一般债务余额增长率低于专项债务余额增长率。

（2）全国地方政府债券余额增长幅度减缓，发行额呈现下降趋势。2015—2020 年，我国地方政府债券发行规模有所下降。其中，一般债券余额增长率呈下降趋势，专项债券余额增长率高于一般债券余额增长率。此外，一般债券余额占政府债券余额的比重由 2015 年的 80%下降至 2020 年的 50%。与此同时，政府债券发行额呈现不断下降的特征。2017—2019 年债券发行额维持

在 43 000 亿元左右。

（3）东部地区各省市债务余额呈缓慢上升趋势，各省市间差异较大。2015—2020 年东部地区 10 个省市地方政府债务余额均呈上升趋势，其中，江苏、山东和广东债务余额体量较大，海南债务余额体量相对较小。

（4）中部地区各省份债务余额呈缓慢上升趋势，各省份间差异不明显。其中，山西债务余额增长幅度较小。中部地区各省份地方政府债务限额呈不断上升趋势，中部地区 6 个省份政府债券发行额存在较大的差别。与债券发行额相对应，6 个省份政府债券余额呈现上升趋势，其中，湖南政府债券余额体量较大，安徽、湖南和湖北债券余额体量次之，山西政府债券余额体量相对最小。

（5）西部地区各省区市债务余额呈缓慢上升趋势，各省区市间差异明显。2015—2020 年西部地区 12 个省区市地方政府债务余额均呈上升趋势，其中，四川、贵州和云南债务余额体量较大，西藏债务余额体量最低，宁夏和青海债务余额体量相对较小。西部地区各省区市地方政府债务限额不断上升，但差别较大。其中，西藏债务限额最低，与其他省区市相比差别较大。与债券发行额相对应，12 个省区市政府债券余额呈现上升趋势，其中，四川、贵州和云南政府债券余额体量较大。

（6）东北地区各省份债务余额呈缓慢上升趋势，辽宁体量最大。东北地区 3 个省份地方政府债务限额、政府债券发行额及政府债券余额均呈现上升趋势，其中，辽宁政府债券余额体量较大。

（7）东部、中部、西部和东北地区政府债务差异较大。地方政府债务余额区域差异明显，无论是债务余额、债务限额还是债务发行额，均出现明显的区域差异，且均表现为东部地区最高，中部地区次之，西部地区和东北地区最低的特征。

从以上的分析结论可以看出，我国经济社会发展存在明显的区域差异，而地方政府债务也存在较明显的区域差异，那么经济社会的区域差异性是否会影响地方政府债务，进而对经济增长产生差异性影响，是本书的重点和要解决的问题。我们下一专题将会对该问题进行具体分析。

四、专题三：地方政府债务、区域差异与经济增长
——基于中国地级市数据的验证

上一个专题我们对各省区市及各地区经济社会发展情况、财政状况以及政府债务等进行了多维度的对比分析，得出各地区经济社会发展、财政状况以及政府债务等方面存在区域差异。那么经济社会的区域差异性是否会影响地方政府债务，进而对经济增长产生差异性影响，本专题对此进行专门探讨。

（一）问题提出与文献评述

近十余年，地方政府债务成为困扰中国经济持续健康发展的一个突出问题，是当前社会各界关注的焦点。一方面，地方政府债务可以弥补地方政府的财力不足，在完善基础设施建设、改善民生以及应对各类风险等方面发挥积极作用，促进经济增长和社会发展；另一方面，地方政府债务也可能通过税收或利率等渠道挤出私人投资，抑制经济发展。科学研判地方政府债务和经济增长之间的关系、把握二者的平衡，有助于合理控制地方政府债务规模，这对于防范债务风险和保持国民经济平稳发展等意义重大。

本部分基于区域异质性的研究视角，利用 2006—2018 年中国地级市层级数据，分析地方政府债务对地区经济增长的影响及其作用机制。

1. 问题提出：中国经济增长与地方政府债务的典型事实

改革开放以来，中国经济一直保持着较快的增长速度。虽然受次贷危机等负面因素的影响，中国的经济增长（GDP 年增速）自 2008 年以来有所减缓，至 2019 年基本保持在 6.5%以上。与此同时，1994 年分税制改革之后，由于中央与地方财权与事权的不匹配[44]、地方政府越权盲目投资[45-46]、以 GDP 等经济指标作为官员晋升标准[47-48]等原因，地方政府承受了越来越大的财政压力，刺激地方政府不断举债；加之 2008 年金融危机以来国内实施的一系列积极财政政策，进一步催化了地方政府扩大债务规模。

整体上看，地方政府债务余额呈现规模不断扩大、膨胀速度持续加快的趋势（见图 4－1）。平均而言，2004—2020 年地方政府债务余额年增长 16.8%，从 2004 年的约 22 000 亿元，增至 2020 年的约 257 000 亿元。尤其是 2008 年以来，地方政府债务规模加速扩大，在 2008—2020 年增长了约 5 倍。2005—2018 年实际地方政府债务增速与实际 GDP 增速之间的关系呈现出前者先是慢于后者，后又快于后者，最后慢于后者的变化趋势（见图 4－2）。2005—2006 年，实际地方政府债务年平均增速为 2.9%，低于实际 GDP 的年平均增速（12.1%）。2007—2012 年，实际地方政府债务年平均增速为 24.3%，是实际 GDP 年平均增速（10.2%）的 2.3 倍。2013—2018 年，实际地方政府债务年平均增速为 4.7%，低于实际 GDP 的年平均增速（7.1%）。

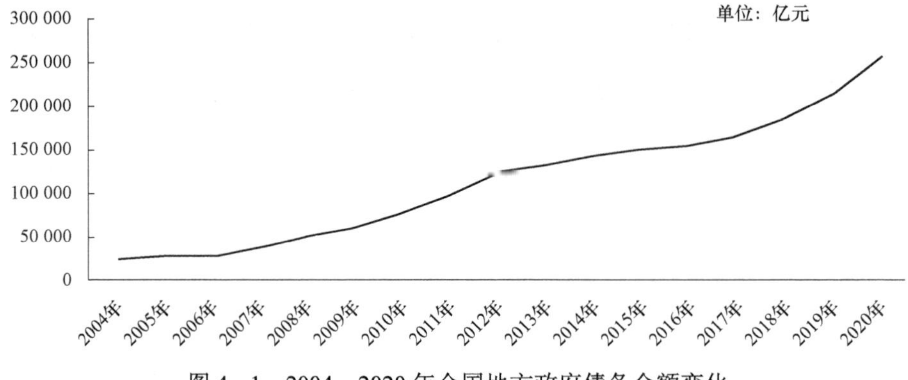

图 4-1　2004—2020 年全国地方政府债务余额变化

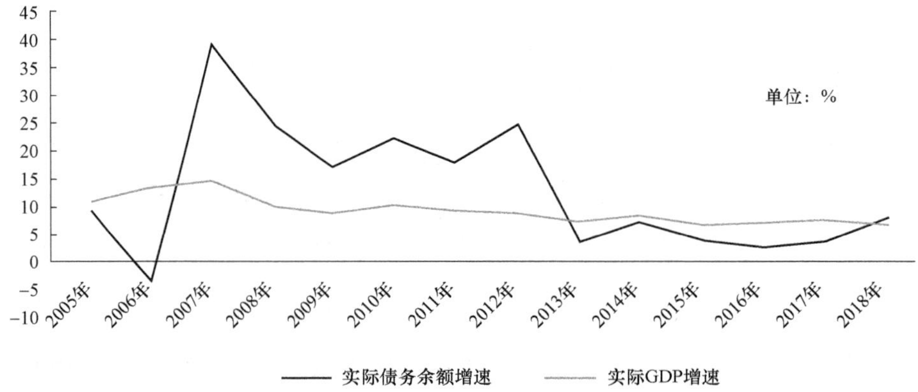

图 4-2　2005—2018 年全国地方政府实际债务余额增速和实际 GDP 增速

与此同时，结合专题二的分析结果，中国的不同地区[①]在经济和社会发展等方面至今仍存在较大差异，东部地区相对发达，中部、西部和东北地区虽然在不断追赶，但总体而言相对落后。根据我们收集整理的地方政府债务数据（见图 4-3），中部、西部和东北地区[②]的债务水平整体而言虽略低于东部地区，但债务水平偏高的地级市数量却比较多。这表明，地方政府债务的规模分布

① 根据国家统计局统计分类标准，统计中所涉及的东部、中部、西部和东北地区的具体划分为：东部 10 省市包括北京、天津、河北、上海、江苏、浙江、福建、山东、广东和海南；中部 6 省包括山西、安徽、江西、河南、湖北和湖南；西部 12 省区市包括内蒙古、广西、重庆、四川、贵州、云南、西藏、陕西、甘肃、青海、宁夏和新疆；东北 3 省包括辽宁、吉林和黑龙江。

② 为便于分析，本书将中部、西部和东北地区并于一处，统称为“其他地区”，将其与东部地区进行比对。

存在区域差异。

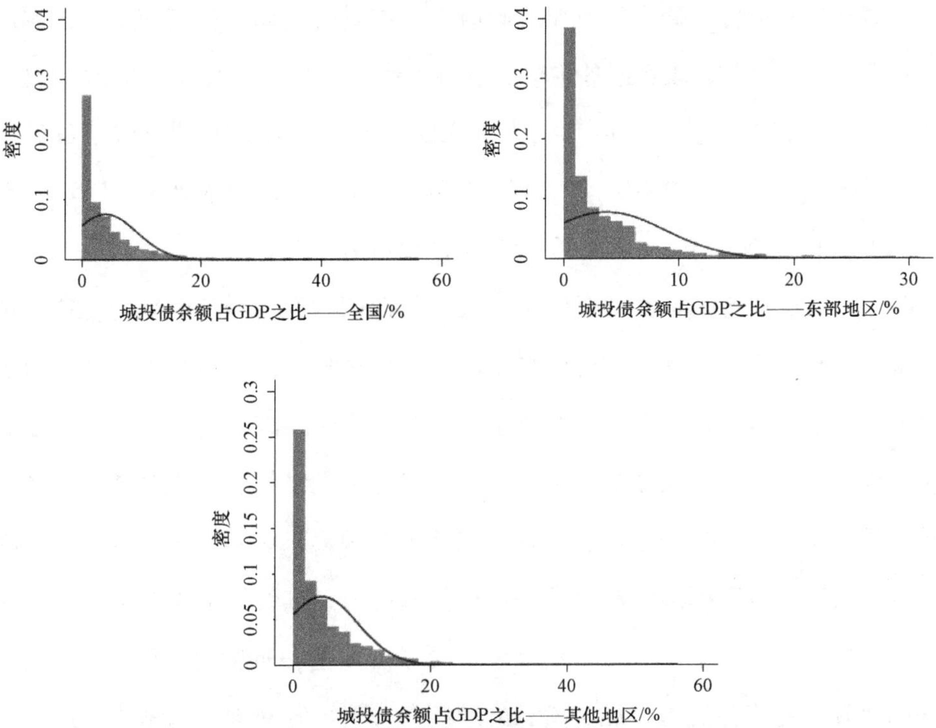

图 4－3　全国及分地区地方政府债务占比的分布

根据图 4－1～图 4－3 展示的典型事实，有两个具体问题有待研究，这两个问题既是本部分的研究内容，同时也是本书的主要研究内容：第一，快速膨胀的地方政府债务整体上会对经济增长产生何种影响；第二，在不同地区，地方政府债务与经济增长之间的关系是否存在差异，如果存在差异，那么差异如何。

2. 文献评述

国内外关于政府债务如何影响经济增长的近期研究，可以概括为以下 4

种主要观点。

（1）政府债务阻碍经济发展。政府债务将对投资产生直接的负面影响，抑制经济增长[21-22]。政府债务规模庞大将导致未来税收收入的不确定性增加，并对私人投资产生挤出效应，损害国家的抗冲击能力。[49-50]政府债务对经济增长的负面影响程度受经济体制、金融、货币、人力资本等多种因素的影响，[51]其中国家的经济、财政制度起决定性作用。[21,25]

（2）政府债务短期会促进经济增长，长期则为经济增长的阻力。在经济转型期，政府投资仍是地区经济增长和城市化进程中的主要模式，地方政府债务在一定程度上缓解了地方财政压力，刺激地区经济发展。[17]将地方政府债务进一步细分为直接债务与或有债务，多元回归结果表明直接债务对经济增长具有明显的促进作用，且现阶段直接债务规模未达到抑制经济增长的阈值点，从长期看我国地方政府债务规模仍具有可持续性，而地方或有债务对经济增长的作用并不明显。[18]但从经济增长的数量和质量的视角出发，研究发现地方政府债务促进了经济增长的速度和质量，却对地区技术进步产生负面影响，从而不利于经济增长质量的提高和持续性发展。[52]地方政府债务对经济的促进作用受到金融发展水平和财政分权等因素的影响，区域金融发展水平的提高将增强地方政府债务的经济增长作用[35]，而财政分权将对地方政府债务的经济增长作用产生不利影响。

（3）政府债务与经济增长为倒 U 形的非线性关系。这种倒 U 形关系体现为当政府负债率较低时，政府债务对经济增长具有促进作用，而当负债率高于转折点时，政府债务则会阻碍经济发展，各国应依据自身经济和财政情况合理发行和管理政府债务。[19,31-34]进一步分析地方政府债务对经济增长质量的影响，地方政府债务规模对经济高质量发展水平的影响是非线性的，各省经济高质量发展空间网络结构特征在两者之间发挥中介效应。显性债务率和隐性债务率存在三重门槛效应，两者一旦超过门槛值，都不利提升经济高质量发展水平。[39]

（4）地方政府债务与经济增长的关系具有明显的区域差异。受经济发展水平、财政状况、产业结构等因素影响，地方政府债务对经济增长的影响具有明显的区域差异，由于不同学者使用的计量模型和选取的变量有差距，地方政府债务对经济增长作用的实证结果可能有所差别。陈志刚等[33]研究认为在同等债务率水平下，地方政府债务对经济增长的影响因各地民营经济发展水平不同所产生的公共投资对私人投资的挤出效应差异和各区域政府投资的资源配置效率差异而存在区域异质性。具体而言，地方政府债务对经济增长的促进作用在东北地区显著，在东部地区和西部地区不显著，而在中部地区地方政府债务抑制了经济增长。而黄健等[17]研究的结果则显示我国西部地区是债务规模较高的地区，政府债务规模扩张对经济增长有显著的负面影响。另外地方政府债务与经济增长质量具有显著的空间自相关性，门槛效应回归结果表明与欠发达地区相比，发达地区显性债务对经济增长质量的门槛值更高，而隐性债务对经济增长的抑制作用在欠发达地区更为显著。[38]

国内相关研究已取得重大进展，本部分在上述文献基础上进行进一步探索：（1）利用更加完善、科学的地级市债务数据分析地方政府债务与经济增长关系。地级市政府是我国发展地方经济和社会事务的具体承担者，也是地方政府债务最主要的举债人和用债人。因此，从地级市这一视角展开实证研究，能够更准确地揭示地方政府债务和经济增长的内在关联。然而，当前大多数研究主要是基于 Wind 数据库进行追踪分析的，Wind 数据库存在一定的问题，本部分利用徐军伟等[53]构建的城投债新名单数据库，对该问题进行分析，以期得到更加科学的结论。（2）深入论证地方政府债务对地区经济增长的影响是否存在显著的区域异质性。利用更加完善的地级市政府债务和经济增长等数据，对地方政府债务如何影响地区经济增长进行了多个维度（包括整体影响和分地区影响）的实证分析，估算出分地区的债务平衡点，并分析不同地区债务平衡点存在差异的内在机制。

结合中国地方政府债务的典型事实——主要是地方政府债务的资金投向，本专题利用2007—2018年的地级市数据，实证检验地方政府债务与经济增长的内在关系。研究发现：一方面，在全国范围内，的确如已有文献所发现的，地方政府债务与地区经济增长之间呈现倒U形关系，即地方政府债务对经济增长的作用存在平衡点；另一方面，上述倒U形关系展现出比较明显的区域差异。相比于东部地区，伴随债务水平的不断上升，其他地区地方政府债务对经济增长的抑制效应更易发生。上述结论比较稳健，变换核心变量、变换实证方法或使用不同样本等不影响实证结果。进一步地，我们利用面板数据门槛估计方法[40-41]，估算出不同地区地方政府债务与经济增长的平衡点，发现其他地区的债务平衡点显著低于东部地区的债务平衡点。其背后机制是经济发展水平、财政状况以及是否属于城市群等影响地区的债务耐受性，而东部地区相比于其他地区在上述诸方面占有优势，因此表现出较强的债务耐受性。根据本专题的研究结论，中国的地方政府债务对经济增长的影响存在比较突出的区域差异，发展相对落后的中部、西部和东北地区不适合借助政府大量负债来推动经济加速发展，而应更为重视对地方政府债务规模的合理控制。

本专题余下内容安排如下：第二部分分析地方政府债务对经济增长产生影响的理论模型与作用机理，提出相关假说；第三部分说明相关数据，并介绍计量方法；第四部分和第五部分报告实证结果，包括基准回归结果及其稳健性检验、对债务平衡点的进一步检验和机制分析；第六部分是本专题结论。

（二）理论模型、作用机理和假说

1. 理论模型

为从理论上分析财政支出、地方政府债务与经济增长之间的内在联系，本部分基于内生增长理论构建了基本模型。

1）最终产品生产部门

由于本书主要考察财政支出以及地方政府债务与经济增长之间的关系，因此假定劳动外生给定，且标准化为 1。最终产品的产出 Y 由中间产品的投入 $x_i(i\in[0,1])$ 以及政府资本性支出 G_Z 两部分决定，且生产函数满足规模报酬不变。

$$Y=\int_0^1 A_i x_i^{\alpha}\mathrm{d}\left(\frac{G_Z}{A}\right)^{\mu}\quad \alpha+\mu=1，\ 0<\alpha<1，\ 0<\mu<1 \qquad (4-1)$$

其中，A_i 为表示中间产品 x_i 的生产效率的参数，α 和 μ 分别表示 X 和 G_Z 的产出份额。

假定政府总支出 G 主要分配为资本性支出 G_Z 和研发性支出 G_Y，其中总支出的一定比例 θ 用于资本性支出，则有：$G_Z+G_Y=G\quad G_Z=\theta G$

此时，最终产品的生产函数可以进一步表示为：

$$Y=\int_0^1 A_i x_i^{\alpha}\mathrm{d}(\theta g)^{\mu} \qquad (4-2)$$

其中，$g \equiv \dfrac{G}{A}$ 表示经过生产力参数调整的政府支出。

假定最终产品的价格 $p_Y = 1$，我们可以得到最终产品部门的利润函数：

$$\pi_Y = \int_0^1 A_i x_i^{\alpha} \mathrm{d}(\theta g)^{\mu} - \int_0^1 p_i x_i \mathrm{d}x \tag{4-3}$$

由利润最大化的一阶导条件可得：

$$A_i (\theta g)^{\mu} \alpha x_i^{\alpha-1} - p_i = 0$$

$$p_i = A_i (\theta g)^{\mu} \alpha x_i^{\alpha-1} \tag{4-4}$$

最终产品的产出 Y 主要在消费 C、研发投资 Q、物质资本投资 $\dot{K}$ 与政府支出 G 之间进行分配，因此有：

$$Y = C + Q + \dot{K} + G \tag{4-5}$$

2）中间产品部门

借鉴 Howitt 等[54]的做法，我们假定中间产品 x_i 的生产仅需要资本这一要素，因此中间产品的生产函数采取下列形式：

$$x_i = \frac{K_i}{A_i} \tag{4-6}$$

其中，经过生产系数 A_i 调整的资本投入反映了高质量的产品生产。中间产品生产部门由一系列的垄断厂商组成，在给定利率 r 与最终产品生产部门对中间产品的需求的情况下，容易得到垄断厂商的垄断利润为：

$$\pi_i = p_i x_i - r K_i \tag{4-7}$$

将式（4-4）与式（4-6）代入式（4-7），整理可得：

$$\pi_i = \alpha A_i x_i^{\alpha} (\theta g)^{\mu} - r A_i x_i \tag{4-8}$$

垄断厂商通过选择自己的产出水平 x_i，来达到自身利润的最大化，根据中间产品部门利润最大化的一阶导条件可得：

$$r=\alpha^2 x_i^{\alpha-1}(\theta g)^{\mu} \tag{4-9}$$

$$x_i=x\equiv\left[\frac{\alpha^2}{r}(\theta g)^{\mu}\right]^{\frac{1}{1-\alpha}} \tag{4-10}$$

由于每个垄断厂商都是根据边际收益等于边际成本来确定自己的生产份额，因此，每个垄断厂商都会生产相同的产量，根据式（4－10）和资本市场的均衡条件$\int_0^1 K_i\mathrm{d}x=\int_0^1 A_i x_i\mathrm{d}x=Ax=K$，其中，$A\equiv\int_0^1 A_i\mathrm{d}x$为中间产品的平均生产力水平。我们可以得到：

$$x=\frac{K}{A}=k \tag{4-11}$$

$$r=\alpha^2 k^{\alpha-1}(\theta g)^{\mu} \tag{4-12}$$

$$Y=Ak^{\alpha}(\theta g)^{\mu} \tag{4-13}$$

3）家庭部门

本书参照 Shi 等[55]的做法，假设每个家庭由一个成员组成，他们只关心家庭的福利。因此，家庭的收入和消费没有不确定性。代表性家庭的效用方程给定如下：

$$U(c)=\int_0^{\infty}\frac{c^{1-\sigma}}{1-\sigma}\mathrm{e}^{-\rho t}\mathrm{d}t \qquad c\equiv\frac{C}{A} \tag{4-14}$$

其中c是经生产力系数调整的消费，ρ是贴现率，σ是跨期消费的替代弹性的倒数，t代表时间。

由式（4－5）可以得出家庭部门面对的预算约束为：

$$\dot{k}=y-c-q-g-\delta\lambda^{*}q^{*}k \tag{4-15}$$

其中，$\dot{k}=\frac{\dot{K}}{A}-\frac{\dot{A}}{A}k$，$y\equiv\frac{Y}{A}$ $c=\frac{C}{A}$ $q\equiv\frac{Q}{A}$ $q^{*}\equiv\frac{Q}{A_{\max}}$，$A_{\max}=\max\{A_i,i\in[0,1]\}$

因此，家庭部门的最大化问题可以表示为：

$$\max U(c) \quad \text{s.t.} \begin{cases} Y = Ak^{\alpha}(\theta g)^{\mu} \\ \dot{k} = y - c - q - g - \delta\lambda^{*}q^{*}k \end{cases}$$

4）模型求解

通过构建现值哈密尔顿函数来求解家庭部门的最优化问题，从而得出财政支出与经济增长的关系。首先，建立现值哈密尔顿函数：

$$H = U(c) + \lambda(y - c - q - g - \delta\lambda^{*}q^{*}k) \tag{4-16}$$

其中，c 为控制变量，k 为状态变量，λ 为共状态变量。

求解哈密尔顿函数可得：

$$\text{F.O.C} \quad \frac{\partial H}{\partial c} = U'(c) - \lambda = 0 \tag{4-17}$$

$$\text{BS}-\text{C} \quad \dot{\lambda} = \rho\lambda - \frac{\partial H}{\partial k} = \rho\lambda - ((\theta g)^{\mu}\alpha k^{\alpha-1} - \delta\lambda^{*}q^{*})\lambda \tag{4-18}$$

$$\text{TV}-\text{C} \quad \lim_{t\to\infty}\lambda k\mathrm{e}^{-\rho t} = 0 \tag{4-19}$$

通过整理式（4－17）～式（4－19）可得影子价格的变化方程和消费的欧拉方程如下：

$$\frac{\dot{\lambda}}{\lambda} = \rho - (\theta g)^{\mu}\alpha k^{\alpha-1} + \delta\lambda^{*}q^{*} \tag{4-20}$$

$$\frac{\dot{c}}{c} = \frac{1}{\sigma}((\theta g)^{\mu}\alpha k^{\alpha-1} - \delta\lambda^{*}q^{*} - \rho) \tag{4-21}$$

在均衡增长路径上，资本投资与消费的增长速率相等，且为一个常数，设为γ，则有：

$$\frac{\dot{k}}{k} = (\theta g)^{\mu}k^{\alpha-1} - \frac{c+q+g}{k} - \delta\lambda^{*}q^{*} = \gamma_{k} \tag{4-22}$$

$$\frac{\dot{c}}{c}=\frac{1}{\sigma}((\theta g)^{\mu}\alpha k^{\alpha-1}-\delta\lambda^{*}q^{*}-\rho)=\gamma_{c} \quad (4-23)$$

5）政府部门

政府部门可以通过征税以及举借债务来进行政府支出。设税率为τ，地方政府债务为 B，$\dot{B}$ 表示地方政府债务随时间的增量$\dot{B}=\frac{\mathrm{d}B}{\mathrm{d}t}$，地方政府在偿还利息之后，仅有总债务规模的一定份额N用于财政支出。因此，地方政府面临的预算约束为：

$$\tau\left(r_{t}K_{t}+\int_{0}^{1}\pi_{i}\mathrm{d}x\right)+NB=G \quad (4-24)$$

由式（4－10）～式（4－12）可以解得：

$$r_{t}K_{t}=\alpha^{2}Y \quad (4-25)$$

$$\int_{0}^{1}\pi_{i}\mathrm{d}x=\alpha^{2}Y-\alpha Y \quad (4-26)$$

将式（4－25）和式（4－26）代入式（4－24）解得：$B=\frac{1}{N}(G-\tau\alpha Y)$。令$b\equiv\frac{B}{A}$则有：

$$b=\frac{1}{N}(g-\tau\alpha y) \quad (4-27)$$

将式（4－27）两边同时对时间t求导可得：

$$\dot{b}=\frac{1}{N}\left[\dot{g}-\tau\alpha\dot{y}\right]=\frac{1}{N}\left[(1-\tau\alpha\mu\theta^{\mu}g^{\mu-1}k^{\alpha})\dot{g}-\tau\alpha^{2}k^{\alpha-1}(\theta g)^{\mu}\dot{k}\right] \quad (4-28)$$

由式（4－28）我们可以得出，财政支出的增长率与地方政府债务的增长率成正比，即随着地方政府债务增长率的提高，财政支出的增长率也随之提高，进而促使产出增加。同时，地方政府债务的增长率与资本的增长率成反比，即地方政府债务增长率的降低会促进社会资本的积累，进而在一定程度上增加产出。

当处于均衡增长路径时，我们有：

$$\frac{\dot{b}}{b} = \gamma_b = \gamma_g = \gamma_c = \gamma_k = \gamma \tag{4-29}$$

结合式（4－28）与式（4－29），我们可以得到处于均衡增长路径时存在最优的人均债务规模：

$$b^* = \frac{1}{N}\left[g - \tau\alpha y^*\right] = \frac{1}{N}\left\{g - \tau\left[\frac{\alpha(\theta g)^{\mu}}{(\delta\lambda^* q^* + \rho)^{\alpha}}\right]^{\frac{1}{1-\alpha}}\right\} \tag{4-30}$$

从式（4－30）可以得出，既然存在最优的债务规模，那么过高或过低的债务规模都不利于经济的发展。同时，最优的人均债务规模是人均财政支出的一定比例。当人均财政支出增加时，会增加地方政府举债的动机。另外，地方政府为了快速大额举债而承诺高的利息报酬，也会使得地方政府债务规模进一步加大。

2. 作用机理和假说

政府债务是政府调度社会资金、弥补财政赤字并借以调控经济运行的一种手段。根据上述理论模型分析可知，运用得当的政府债务会刺激经济增长，但政府债务不能无限积累。已有文献发现，政府债务对经济增长的影响存在门槛效应，即当其占比——政府债务占 GDP 的比重超过债务平衡点后，政府债务会对经济增长产生抑制作用。[5-6,56]本部分从中国实际情况出发，基于一个综合性的视角（包括政府债务资金使用流向以及其他相关因素等）展开分析，阐释地方政府债务影响经济增长的内在机制，为后续的实证分析提供现实依据。

1）作用机理

根据国家审计署发布的2013第32号公告《全国政府性债务审计结果》，从资金投向看，地方政府债务主要用于基础设施建设和公益性项目。如图4－4所示，截至2013年6月底，在已支出的政府负有偿还责任的地方政府债务（101 188.77亿元）里，用于市政建设、交通运输设施建设、土地收储、保障性住房、教科文卫、农林水利建设、生态建设和环境保护等基础性、公益性项目的支出，占了约九成。其中，市政建设和交通运输设施建设占比合计约为60%，这说明基础设施建设是地方政府债务最主要的投向。

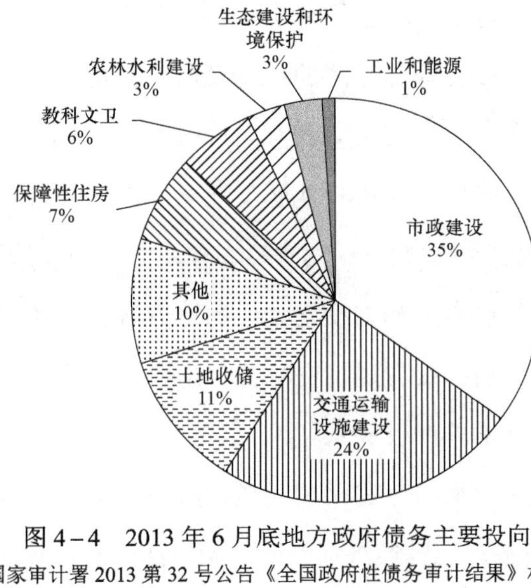

图4－4 2013年6月底地方政府债务主要投向

数据来源：根据国家审计署2013第32号公告《全国政府性债务审计结果》相关数据整理得到。

随着地方政府债务的发展以及地方政府债务管理的不断完善，地方政府债务的投向依然为基础设施建设。例如，2021年新增一般债券分别用于医疗卫生、教育等社会事业529.31亿元，交通基础设施431.14亿元，乡村振兴、农林水420.39亿元，市政建设411.71亿元，棚改、老旧小区改造等保障性安居工程 156.56 亿元，生态建设、环境保护 127.45 亿元，自然灾害及其他 104.89 亿元。①其中，基础设施建设占比仍然高于 50%。再以辽宁省为例。从债务资金投向看，辽宁省大部分政府债务用于公益性项目建设，重点支持市政、交通、保障性住房、土地整理和储备、生态环境、农林水利设施建设，同时形成了大量的优质资产和资源，部分项目有比较稳定的收入作为偿债来源。从结构上看，债务资金投向于基础性、公益性项目共 6 192.9 亿元，占 86.1%②。

基础设施的建设与完善虽能促进经济增长，但过量的基础设施投资却会适得其反。一方面，丁建勋[57]和李强等[58]的实证研究发现，中国基础设施投资在促进经济增长的同时，挤占了其他类型的投资（如国内私人投资等），因此过量的基础设施投资会抑制经济的长期发展，即基础设施投资对经济增长的作用是“先扬后抑”。另一方面，孙早等[59]发现，基础设施投资会促进经济增长，但考虑基础设施投资存量和地区工业化水平等因素之后，基础设施投资会对经济增长产生复杂影响——同时存在作用方向相反的不同效应。据此，我们可以推断，主要投向于基础设施建设的地方政府债务不太可能对经济增长产生单调的线性影响；或者说，在中国，地方政府债务与经济增长之间很可能存在诸如倒 U 形的非线性关系。

与此同时，考虑到中国存在比较明显的区域差异（专题二对此做过专门分析），地方政府债务对地区经济增长的影响可能表现出异质性。着眼于经济发展水平的区域差异：东部地区各省份的经济发展水平较高，体现为私人投资比较活跃、地方政府偿债能力较强，因此地方政府债务对经济增长的负面

---

① 安徽省发展和改革委员会. 财政部下达 2021 年新增地方债限额 42 676 亿元，低于预算安排额度[EB/OL].（2021－06－08）[2021－07－10]. http://fzggw.ah.gov.cn/jgsz/jgcs/cjc/ cjdt/145833261.html.

② 中国外汇交易中心. 辽宁省政府债券 2021 年度跟踪评级报告［EB/OL］.（2021－12－31）［2022－01－03］. https://www.dfratings.com/data/upload/file/20210826/61270 d6387eb8.pdf.

效应相对而言更易得到控制；相反，中部、西部和东北地区经济发展水平相对较低，不断积累的偿债压力更容易对经济增长产生负面影响[①]。基于现有数据的描述性分析与之吻合，图 4-5 是根据地级市地方政府债务数据和 GDP 数据描绘的全国、东部和其他地区地方政府债务与经济增长的关系。由图 4-5 可知，随着实际人均债务水平的提高，实际人均 GDP 随着实际人均债务的增加出现了明显的先扬后抑，呈现倒 U 形特征。其中，东部地区和其他地区的倒 U 形拐点呈现出差异性，东部地区的拐点显然晚于其他地区。

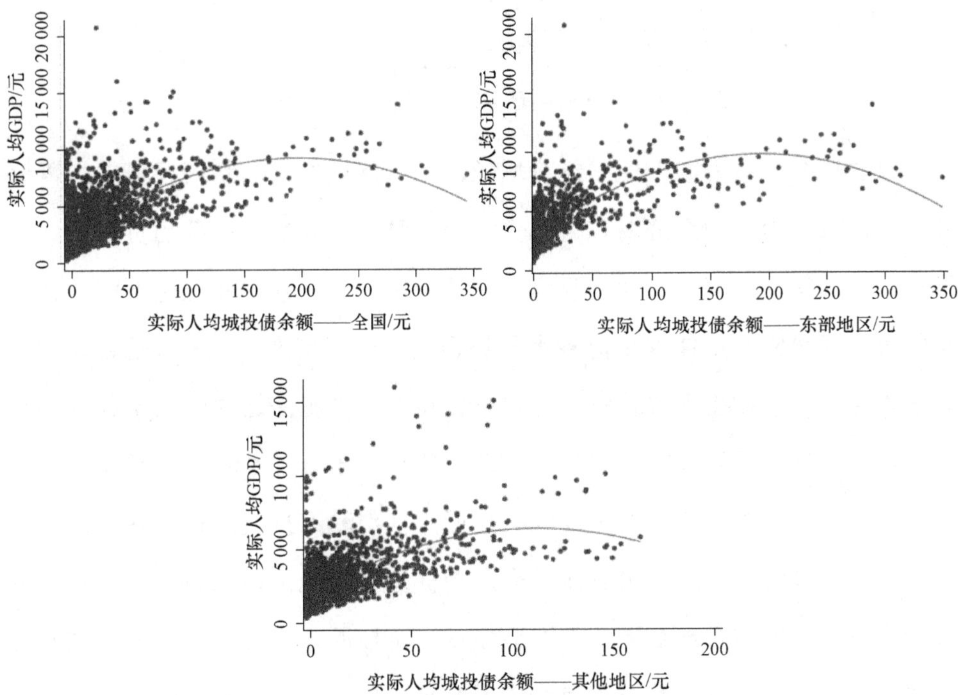

图 4-5　地方政府债务与地区经济增长的关系

综合以上分析（包括第一部分的典型事实和既有文献评述），我们认为中国的地方政府债务对经济增长的影响机理如图 4-6 所示：（1）地方政府债务

① 背后的机制可能是：随着偿债压力的增大，地方政府不得不加强税收征管并加大非税收入的征收力度，导致实际税负加重并促使企业和个人对未来盈利或收入产生负面预期，从而抑制经济活动。

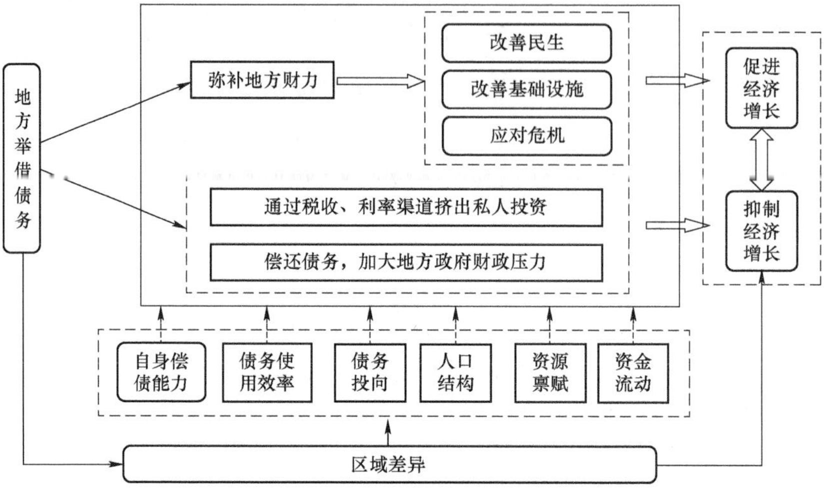

图 4－6 地方政府债务对经济增长的影响机理

既可以通过弥补地方财力促进经济增长，也可能通过挤出私人投资或加重地方政府财政压力抑制经济增长，究竟呈现何种效应取决于债务的资金投向、债务资金的使用效率以及地方政府债务承受能力等因素，而上述不同因素共同作用的净效应集中体现于债务水平是否处于合理范围之内——是否超过债务平衡点。（2）如果地方政府债务水平保持在合理范围之内，由于其主要被用于基础设施建设和公益性项目，有助于纠正由于外部性和公共品（非排他性和非竞争性）等所产生的市场失灵，而且其对私人投资的挤出效应以及对地方政府造成的偿债压力也有限，因此会促进当地经济增长。（3）一旦地方政府债务水平突破合理范围，一方面债务资金使用效率会由于过高的政府投资率而不断下降[60-61]，其纠正市场失灵的正面效应随之减弱乃至消失，另一方面其负面作用（包括挤出越来越多的私人投资、导致地方政府承受越来越大的偿债压力等[62]开始凸显，此时其对经济增长的作用将由正转负。（4）在经济发展水平不同的地区，由于债务资金投向、债务资金使用效率和地方政府债务承受能力等存在异质性，地方政府债务对地区经济增长的上述影响将呈现区域差异（在经济发展水平较高的地区，地方政府债务的资金投向更偏向民生领域、债务资金使用效率较高且地方政府债务承受能力也较强，地方政府债务对经济增长的负向影响可能越不易出现；反之反是）。

2）研究假说

依据上述机理分析，我们得出以下有待实证检验的假说。

假说 1：整体而言，地方政府债务与地区经济增长之间呈现倒 U 形关系，即地方政府债务对地区经济增长的影响是先拉动后抑制。

假说 2：区域差异会影响地方政府债务与地区经济增长的关系，在经济发展水平相对较低的其他地区（中部、西部和东北地区），地方政府债务对地区经济增长的负面影响更易发生——债务平衡点偏低或偏左，而在经济发展水平相对较高的东部地区，地方政府债务对地区经济增长的负面影响到来得较晚——债务平衡点偏高或偏右。

（三）数据说明和计量方法

1. 数据说明

由于地方政府债务不仅包括“体制内”债务（由财政部代为发行的地方政府债券），还有诸多的“体制外”债务（如融资平台和国有企业发行的债券），而我国尚未建立专门针对地方政府债务的官方数据库，国家审计署掌握的地方政府债务审计数据公开的程度也比较有限。本书借鉴已有文献[42,53]的做法，根据毛捷等[43]给出的地方政府债务定义与统计口径，以城投债数据作为地方政府债务数据进行实证分析，以下是详细说明。在此，对于与后续实证分析相关的其他数据也一并介绍。

1）地方政府债务的分类

依据黄春元等[63]的研究，地方政府债务包括以下两个部分：显性债务和或有债务。其中，显性债务包括四个细项（国债转贷收入、地方政府债券净收入、有价证券净收入和其他债务净收入），或有债务包括两个细项（地方国有企业国有债务总额和地方融资平台发行的城投债余额），具体见表 4－1。由于有价证券净收入和地方政府向国外借款收入分别于 1998 年和 2001 年之后不再统计，而国有企业国有债务主要用于国有企业的发展而非用于改善基础设施和民生或应对各种风险（与图 4－6 所示作用机理的相关度不高），而且其金额变化较小。因此，从数据可得性、科学性等角度出发，本部分借助融资平台新名单数据库[53]，将实证分析里的地方政府债务统计口径定义为城投债余额和城投债发行额。①

表 4－1　地方政府债务分类

债务类型	包含内容	相关说明
显性债务	国债转贷收入	2007 年之后金额逐步减少，2008 年之后几乎为 0（2009 年为 0.027 亿元）。主要原因可能在于 2008 年之后地方政府融资渠道增加，对中央国债转贷的需求减少
	地方政府债券净收入	地方政府债券净收入=财政部代理发行地方政府债券收入–地方政府国债还本付息支出
	有价证券净收入	有价证券净收入=地方政府兑付有价证券本金收入–地方政府购买有价证券支出，1998 年之后不再统计
	其他债务净收入	主要是地方政府向国外借款收入，2001 年之后不再统计

① 有关地方政府债务的数据，除了本部分的统计口径之外，还存在其他数据口径，包括国家审计署对政府债务的专项审计数据以及使用融资平台公司的总负债等。由于审计署的细分数据不可获得，融资平台公司总负债里包含非地方政府债务的成分（如流动负债里的预收账款、应付职工薪酬和应缴税费等），本书使用的地方政府债务数据均为明确是地方政府债务的数据，如城投债余额等（具体见表 4－1）。虽然上述处理可能会低估地方政府债务规模从而得出比较保守的实证结论，但不会由于数据里包含非地方政府债务的信息而得出有失偏颇的实证结论。

续表

债务类型	包含内容	相关说明
或有债务	或有债务 1	地方国有企业国有债务总额=地方国有企业国有资产总额×地方国有企业资产负债率
	或有债务 2	地方融资平台发行的城投债余额

2）融资平台新名单数据库

目前，地方政府债务现有研究所用数据主要来源于 Wind 数据库。根据曹婧等[42]、徐军伟等[53]的研究，Wind 数据库提供的融资平台公司存在遗漏（未将部分融资平台公司纳入统计）和错选（含有非融资平台公司）等问题。为此，毛捷老师团队为提高城投债基础数据质量，通过实地调研、政策规定等方式对融资平台公司进行了重新定义，通过各类公开网站数据的发行等情况，确定已发行过各类债券的融资平台公司名单。以新名单为蓝本，根据融资平台公司发行的各类债券品种（即城投债的具体债券工具），逐家逐年人工搜集所发行的所有债券信息（含海外债券），形成融资平台新名单数据库。该名单数据库比 Wind 数据库更为全面，其对应的城投债统计过程也更为透明、具体。截至 2018 年底，新名单包含 2 571 家融资平台公司，2006—2018 年期间共计发行国内债券 17 191 笔（含集合债券）；2013—2018 年发行过海外债券的融资平台公司为 113 家，共计发行海外债券 182 笔，其中美元债 161 笔。

利用融资平台新名单数据库，我们对历年各城市城投债发行额和城投债余额进行归类整理，形成本部分实证所需的地方政府债务数据。其中，城投债发行额为历年各城市发行的城投债之和；城投债余额以 2006 年为基期，为本年城投债发行额减去本年还本付息额再加上上年城投债余额。

3）其他数据

为检验地方政府债务对经济增长的影响，除了地方政府债务数据外，实证中还包含了经济增长、产业发展、全社会固定资产投资、人口以及财政状况等数据。地方政府债务等变量含义及计算方法具体见表 4–2。

表 4–2 地方政府债务等变量含义及计算方法

变量	变量含义	计算方法	单位
rjgdp	人均 GDP	GDP/年末总人口	百元
rjdebtye	人均城投债余额	城投债余额/年末总人口	百元
$rjdebtye^2$	人均城投债余额的二次方	人均城投债余额的二次方	
rjdebtfx	人均城投债发行额	城投债发行额/年末总人口	百元
$rjdebtfx^2$	人均城投债发行额的二次方	人均城投债发行额的二次方	
sgdp	第二产业占比	（第二产业产值/GDP）×100%	%
gdzcgdp	全社会固定资产投资占比	（全社会固定资产投资总额/GDP）×100%	%
urban	城镇化率	（城镇人口/年末总人口）×100%	%
perpop	人口增长率	[（当年年末总人口 – 上年年末总人口）/上年年末总人口] ×100%	%
czzjl	财政自给率	（财政收入/财政支出）×100%	%

4）数据来源

上述地方政府债务数据来自徐军伟等[53]的研究、历年《中国财政年鉴》、中国债券信息网、和讯债券、财政部网站以及中国货币网等公布的相关信息。后续实证分析需要使用的地级市相关经济数据，来自历年《中国城市统计年鉴》。回归的样本时间跨度为 2007—2018 年，样本数据里不含西藏自治区，包括中国 30 个省区市的 287 个地级市。

2. 计量方法

由于地方政府债务的使用投向、使用效率和地方政府债务承受能力的地级市数据难以获取，参照陈诗一等[30]的做法，我们以区域差异来整体反映这些因素对经济增长的影响①，并按照东部地区和其他地区的分样本进行回归估计。

需要指出，由于经济增长和地方政府债务之间存在双向因果关系（即地方政府债务会影响经济增长，同时经济增长也可能会对地方政府债务规模产生反向影响），为了切断两者之间的循环因果所产生的内生性问题，我们将经济发展水平的滞后一期变量引入模型，构建动态面板模型。鉴于地方政府债务与经济增长之间可能存在非线性关系，模型中引入地方政府债务的二次项。因此，我们构建以下计量方程，来检验地方政府债务对地区经济增长的影响：

$$\begin{aligned} \mathrm{rjgdp}_{it} = \alpha + \gamma \cdot \mathrm{rjgdp}_{i,t-1} + \beta \cdot \mathrm{rjdebtye}_{it} + \varphi \cdot \mathrm{rjdebtye}^2{}_{it} + \\ X_{it} \cdot \delta + \mu_{it} + \psi_{pt} + \nu_{it} + \varepsilon_{it} \end{aligned} \quad (4-31)$$

其中，i 表示地级市，t 是年份；rjgdp 是人均 GDP；rjdebtye 是地方政府债务水平，我们采用人均城投债余额表示，基准回归和稳健性检验中分别采用 rjdebtye（城投债余额）和 rjdebtfx（城投债发行额）表示；$\mathrm{rjdebtye}^2$ 是地方政府债务水平的平方项②。rjdebtye 和 $\mathrm{rjdebtye}^2$ 两项的系数β和ϕ是我们关注的重点。如果假说 1 成立，β应显著为正，ϕ应显著为负，即经济增长与地方政府债务之间为倒 U 形关系；如果假说 2 成立，无论在经济发展水平相对较高还是相对较低的地区，β和ϕ都应分别显著为正和显著为负，且经济发展水平较高的地区债务平衡点高于经济发展水平相对较低的地区（相较于ϕ的绝对值，β的绝对值较大）。

---

① 在本书分析中，地方政府债务变量仅考虑债务余额或规模，未考虑其结构或构成。这是由于，受数据可得性所限，我们无法获得分市分年的地方政府债务资金具体用途的数据。

② 通过引入地方政府债务水平的平方项来检验地方政府债务对经济增长的非线性影响是已有文献的一般做法。

$\boldsymbol{X}$是一个包含其他控制变量的向量。参考既有文献的做法，该向量包括：（1）经济发展水平，用人均GDP的滞后一期表示，记为L.rjgdp；（2）产业结构，用第二产业总产值占GDP的比重表示，记为sgdp；（3）固定资产投资，用全社会固定资产投资与GDP的比值进行度量，记为gdzcgdp；（4）城镇化水平，用城镇人口占全市人口的比重表示，记为urban；（5）人口增长率，用本年年末人口与上年年末人口之差除以上年年末人口的比重表示，记为perpop；（6）财政自给率，用地级市财政收入占财政支出的比重表示，记为czzjl。此外，u、ψ和v分别是地级市哑变量、省份–年份哑变量和年份哑变量，用于控制地区和时间维度上不可直接观察的固定效应。表4－3给出了本部分实证分析所用主要变量的描述性统计结果。

表4－3　主要变量的描述性统计结果

变量	样本数量	均值	标准差	最小值	中位数	最大值
rjgdp	3 444	311.674	213.206	31.025	250.266	2 074.836
rjdebtye	3 444	17.859	33.180	0.000	6.451	348.691
$rjdebtye^2$	3 444	1 419.497	6 629.479	0.000	41.619	122 000.000
rjdebtfx	3 444	6.315	13.086	0.000	2.047	194.525
$rjdebtfx^2$	3 444	211.063	1 296.561	0.000	4.191	37 800.000
sgdp	3 444	48.332	10.741	14.800	48.550	90.970
gdzcgdp	3 444	74.940	32.170	0.013	71.214	488.087
urban	3 444	35.554	24.025	4.355	28.947	100.000
perpop	3 444	0.644	2.880	－23.154	0.544	77.072
czzjl	3 444	47.261	22.998	5.435	43.744	154.126

由于式（4－31）构成了一个动态面板数。我们使用系统广义矩估计方法（简称系统GMM方法）对其进行估计，以有效地解决内生性问题。

（四）实证结果

1. 基准回归

1）全样本实证结果

表 4 – 4 报告了使用系统 GMM 方法对式（4 – 31）估计地方政府债务水平等因素影响经济增长的实证结果。在全国、东部地区、其他地区、中部地区的实证结果中，Hansen 检验的 *P* 值分别为 0.201、1.000、1.000 和 1.000（接受原假设），即不存在工具变量过度识别问题；而且，Arellano – Bond 自相关检验显示，残差不存在一阶自回归，但不能拒绝二阶自相关。这些检验结果说明，表 4 – 4 里系统 GMM 模型的设置是合理的。

表 4 – 4　地方政府债务与经济增长（全国地级市数据：系统 GMM 模型）

	（1）	（2）	（3）	（4）
	全国	东部地区	其他地区	中部地区
	rjgdp	rjgdp	rjgdp	rjgdp
rjdebtye	2.377 4***	2.597 7***	0.944 5**	0.652 0***
	（0.612 1）	（0.553 6）	（0.386 2）	（0.040 2）
$rjdebtye^2$	– 0.005 5***	– 0.006 3***	– 0.004 5**	– 0.002 2***
	（0.001 6）	（0.001 5）	（0.002 1）	（0.000 2）
L.rjgdp	– 0.156 7	– 0.051 9	0.589 2***	0.738 4***
	（0.156 3）	（0.126 6）	（0.144 8）	（0.003 3）
sgdp	4.815 7***	5.047 5**	4.243 7***	1.560 2***
	（1.110 8）	（2.073 8）	（0.427 8）	（0.073 1）

续表

	(1)	(2)	(3)	(4)
	全国	东部地区	其他地区	中部地区
	rjgdp	rjgdp	rjgdp	rjgdp
gdzcgdp	-0.210 3**	-1.142 9**	-0.021 1	-0.055 6***
	(0.082 4)	(0.541 2)	(0.031 5)	(0.008 5)
urban	6.856 6***	3.955 5***	1.650 9*	0.944 1***
	(1.332 1)	(0.873 2)	(0.915 2)	(0.055 4)
perpop	0.847 4***	4.286 1	-0.633 2*	-1.018 3***
	(0.325 9)	(4.470 3)	(0.354 0)	(0.032 1)
czzjl	2.519 2***	4.222 9***	0.786 4**	0.900 3***
	(0.488 7)	(0.953 9)	(0.324 8)	(0.032 4)
常数项	-192.442 3***	-146.070 0	-186.713 4***	-51.973 5***
	(57.256 1)	(116.753 9)	(25.426 3)	(4.009 6)
观测次数	3 444	1 044	2 400	960
时间固定效应	Y	Y	Y	Y
AR1	0.094	0.066	0.054	0.008
AR2	0.215	0.475	0.453	0.971
Hansen 检验的 *P* 值	0.201	1.000	1.000	1.000

注：括号中数据为稳健标准误；***、**和*分别表示在 1%、5%和 10%水平下显著。

表 4-4 的模型 1 报告了控制时间固定效应的回归结果，这一结果与假说 1 一致：地方政府债务水平与地区经济增长之间为显著的倒 U 形关系。加入地方政府债务变量的二次项，地方政府债务水平的系数为 2.377 4，其平方项的系数为 -0.005 5，且均显著，表明地方政府债务对经济增长呈现先促进后抑制的作用。

控制变量中，经济发展水平的估计系数为负，工业化水平、城镇化水平、人口增长及财政自给率对经济增长有显著的正向促进作用，而固定资产投资对经济增长呈现负向影响。

2）分地区实证结果

为检验假说 2，我们将样本分为东部地区和其他地区两部分，表 4－4 的（2）～（3）列报告了分地区估计的实证结果。结果显示：在控制时间固定效应后，地方政府债务对东部地区和其他地区的经济增长的影响均呈现显著倒 U 形，但不同地区债务平衡点可能不同。东部地区地方政府债务的系数为 2.597 7，二次项系数为－0.006 3；其他地区地方政府债务的系数为 0.944 5，二次项系数为－0.004 5。如果利用地方政府债务变量的一次项和二次项系数做简单估算（债务平衡点近似等于一次项的系数除以两倍的二次项系数再取负数），可知在中部、西部和东北地区，地方政府债务影响经济增长的平衡点较低（约为 104.9 百元/人），东部地区地方政府债务影响经济增长的平衡点较高（约为 206.2 百元/人）。这与前述假说 2 一致，即在经济发展水平相对较低的地区，债务平衡点偏低或偏左。其他控制变量的估计结果与模型 1 相似，不作赘述。

我们在专题二对中国各地区经济社会发展以及地方政府债务发展情况进行了区域比较，为了进一步验证假说 2，我们对中部地区进行验证，结果见表 4－4 中（4）列。结果发现，中部地区地方政府债务水平的系数为 0.652 0，二次项的系数为－0.002 2。简单估算，中部地区地方政府债务影响经济增长的平衡点（约为 148.2 百元/人），低于东部地区平衡点（约为 206.2 百元/人），再次验证了假说 2 的成立。

2. 稳健性检验

1）变换核心变量

我们以人均城投债发行额（rjdebtfx）替换人均城投债余额（rjdebtfx），重复基准回归，稳健性检验 1 的实证结果见表 4–5。结果显示，变换核心变量后，核心解释变量估计系数的符号和显著程度与基准回归结果均保持一致。这说明，支持假说 1 和假说 2 的经验证据是稳健的，不受核心变量具体形式的影响。

表 4–5 稳健性检验 1——地方政府债务与经济增长（全国地级市：系统 GMM 模型）

	（1）	（2）	（3）
	全国	东部地区	其他地区
	rjgdp	rjgdp	rjgdp
rjdebtfx	1.637 4*	4.691 8***	0.447 3***
	（0.980 4）	（1.357 6）	（0.017 1）
$rjdebtfx^2$	−0.009 4*	−0.026 7***	−0.008 3***
	（0.005 5）	（0.007 5）	（0.000 3）
L.rjgdp	−0.107 7	−0.029 2	0.728 8***
	（0.171 7）	（0.129 5）	（0.001 4）
sgdp	4.563 4***	3.951 7**	3.682 1***
	（1.223 4）	（1.927 3）	（0.026 9）
gdzcgdp	−0.215 5**	−1.414 3**	−0.006 6***
	（0.084 7）	（0.586 2）	（0.002 0）
urban	7.345 9***	3.974 8***	1.061 0***
	（1.466 5）	（0.979 9）	（0.016 2）
perpop	0.811 6**	3.660 5	−0.734 0***
	（0.355 9）	（4.589 4）	（0.016 6）
czzjl	2.675 1***	4.451 2***	1.009 6***
	（0.533 2）	（0.966 0）	（0.012 7）
常数项	−164.313 7***	−70.525 3	−181.856 2***
	（63.702 6）	（122.985 0）	（1.647 6）
观测次数	3 444	1 044	2 400
时间固定效应	Y	Y	Y

续表

	（1）	（2）	（3）
	全国	东部地区	其他地区
	rjgdp	rjgdp	rjgdp
AR1	0.079	0.043	0.030
AR2	0.376	0.633	0.419
Hansen 检验的 *P* 值	0.228	1.000	1.000

注：括号中数据为稳健标准误；***、**和*分别表示在 1%、5%和 10%水平下显著。

2）变换实证方法

为了避免内生性问题对实证结果产生干扰，本书基准回归采用的是动态面板模型利用系统 GMM 模型进行实证检验。为了进一步验证实证结果的稳健性，本部分采用将所有解释变量均滞后一期处理①，以切断被解释变量对解释变量的反向影响。计量模型如下：

$$\begin{aligned}\mathrm{rjgdp}_{it} = & \alpha + \gamma \cdot \mathrm{rjgdp}_{i,t-1} + \beta \cdot \mathrm{rjdebtye}_{it\text{-}1} + \varphi \cdot \mathrm{rjdebtye}^2{}_{it-1} + \\ & X_{it\text{-}1} \cdot \delta + + \mu_{it} + \psi_{pt} + v_{it} + \varepsilon_{it}\end{aligned} \tag{4-32}$$

表 4－6 报告了利用式（4－32）估计地方政府债务水平等因素影响经济增长的实证结果。我们尝试了使用固定效应模型（fixed－effect model）和随机效应模型（random－effect model）估计式（4－32），Hausman 检验支持采用固定效应模型。

表 4－6 的（1）～（4）列报告了在控制不同类型固定效应下的回归结果，这些结果与假说 1 一致：地方政府债务水平与地区经济增长之间呈现显著的倒 U 形关系。在全国样本实证中，加入地方政府债务变量的二次项，地方政府债务水平的系数为 1.463 2，其平方项的系数为－0.003 9，且均显著。

为检验假说 2，我们进一步将样本分为东部地区、中部地区和西部地区，

① 针对内生性问题，不少学者使用解释变量滞后一期的方法进行处理。

表4－6的（2）～（4）列报告了分地区估计的实证结果。结果显示：在控制各类固定效应后，地方政府债务水平对东部地区和其他地区的经济增长的影响均呈现显著倒U形，但不同地区债务平衡点可能不同。东部地区地方政府债务水平的系数为2.052 2，二次项的系数为－0.005 4；中部地区地方政府债务水平的系数为0.642 8，二次项的系数为－0.003 3；西部地区地方政府债务水平的系数为0.964 0，二次项的系数为－0.005 2。若利用地方政府债务变量的一次项和二次项系数做简单估算，可知西部地区平衡点最低，中部地区次之，东部地区平衡点最高。这与前述假说2一致，即在经济发展水平相对较低的地区，债务平衡点偏低或偏左。其他控制变量的估计结果与表4－4相似，不作赘述。

表4－6　稳健性检验2——地方政府债务与经济增长（全国地级市：固定效应）

	（1）	（2）	（3）	（4）
	全国	东部地区	中部地区	西部地区
	rjgdp	rjgdp	rjgdp	rjgdp
L.rjdebtye	1.463 2***	2.052 2***	0.642 8**	0.964 0**
	（0.360 6）	（0.393 8）	（0.249 9）	（0.456 0）
L.rjdebtye^2	－0.003 9***	－0.005 4***	－0.003 3**	－0.005 2*
	（0.001 1）	（0.001 1）	（0.001 5）	（0.002 6）
L.rjgdp	0.225 3*	－0.021 2	0.725 9***	0.612 5***
	（0.125 1）	（0.073 6）	（0.035 4）	（0.069 1）
L.sgdp	1.864 2***	0.790 0	0.845 8***	0.873 6*
	（0.465 6）	（1.357 8）	（0.307 0）	（0.456 9）
L.gdzcgdp	－0.172 9**	0.203 8	－0.053 5	－0.047 5
	（0.074 7）	（0.300 8）	（0.039 3）	（0.081 1）
L.urban	0.671 6**	0.544 4	0.416 2	0.759 1
	（0.307 4）	（0.544 1）	（0.280 8）	（0.735 1）

续表

	(1)	(2)	(3)	(4)
	全国	东部地区	中部地区	西部地区
	rjgdp	rjgdp	rjgdp	rjgdp
L.perpop	0.188 6	8.007 2**	0.077 5	−0.284 9
	(0.219 7)	(3.189 0)	(0.125 0)	(0.428 9)
L.czzjl	0.213 2	−0.133 3	−0.086 0	0.213 8
	(0.149 4)	(0.593 4)	(0.137 0)	(0.260 6)
常数项	49.144 5*	207.991 0**	14.250 5	0.765 1
	(28.377 0)	(92.330 1)	(17.518 5)	(34.699 7)
地级市固定效应	Y	Y	Y	Y
年份固定效应	Y	Y	Y	Y
省份－年份固定效应	Y	Y	Y	Y
观测次数	3 157	957	880	946
R^2	0.669 6	0.891 3	0.929 1	0.887 3
聚类	地级市	地级市	地级市	地级市

注：括号中数据为稳健标准误；***、**和*分别表示在 1%、5%和 10%水平下显著。

3）变换样本

考虑到北京、天津、上海和重庆的特殊性，为了验证实证结果的稳健性，该部分实证将 4 个直辖市、副省级及省会城市数据去掉，利用系统 GMM 模型重复基准回归，实证结果见表 4－7。结果显示，就全国而言，地方政府债务与经济增长之间仍为显著的倒 U 形关系，且经济发展水平较高的东部地区的债务平衡点高于经济发展水平较低的其他地区。实证结果无实质性变化，表明结果比较稳健。

表 4-7 稳健性检验 3——使用不同样本（不含直辖市、副省级及省会城市：系统 GMM 模型）

	(1) 全国	(2) 东部地区	(3) 其他地区	(4) 中部地区
	rjgdp	rjgdp	rjgdp	rjgdp
L.rjgdp	0.255 7	0.563 6***	0.645 8***	0.677 5***
	(0.179 8)	(0.184 9)	(0.001 4)	(0.082 5)
rjdebtye	1.618 4***	1.301 2**	0.415 7***	0.676 3***
	(0.600 0)	(0.592 9)	(0.014 2)	(0.260 4)
$rjdebtye^2$	-0.003 1*	-0.002 5*	-0.002 6***	-0.002 5*
	(0.001 6)	(0.001 4)	(0.000 1)	(0.001 5)
sgdp	3.191 4***	3.678 7**	4.611 1***	2.498 8***
	(0.572 2)	(1.748 7)	(0.037 7)	(0.716 1)
gdzcgdp	-0.171 9**	-0.129 8	-0.027 7***	-0.045 2
	(0.082 7)	(0.266 9)	(0.004 2)	(0.028 5)
urban	4.017 6***	0.915 0*	1.016 4***	0.822 4***
	(1.333 4)	(0.489 3)	(0.022 5)	(0.313 3)
perpop	0.107 1	0.962 5	-0.803 6***	-0.899 2***
	(0.361 4)	(3.674 0)	(0.020 7)	(0.281 1)
czzjl	2.285 8***	1.865 5**	0.536 0***	0.324 0***
	(0.591 7)	(0.752 2)	(0.018 6)	(0.116 4)
常数项	-136.110 4***	-126.054 9*	-195.026 0***	-55.068 0***
	(30.701 6)	(74.914 9)	(1.575 0)	(16.250 7)
观测次数	3 048	876	2 172	888
时间固定效应	Y	Y	Y	Y
AR1	0.099	0.124	0.095	0.039
AR2	0.310	0.138	0.761	0.983
Hansen 检验的 *P* 值	1.000	1.000	1.000	1.000

注：括号中为稳健标准误；***、**和*分别表示在 1%、5%和 10%水平下显著。

（五）拓展分析——对债务平衡点的进一步检验和机制分析

上述实证分析验证了书中两个假说，即地方政府债务与经济增长之间为倒 U 形关系，且地方政府债务对经济增长的影响存在区域差异。那么，就全国而言，地方政府债务影响经济增长的债务平衡点具体是多少？不同地区的债务平衡点各自又是多少？影响机制是什么？本部分对上述问题进行检验和分析。

1. 检验债务平衡点的计量模型

我们继续利用上述面板数据，并使用面板数据门槛估计方法来估算地方政府债务影响经济增长的债务平衡点。进行门槛效应分析时，Hansen[40]的非动态门槛面板回归模型（non－dynamic threshold panel regression model）克服了传统门槛条件研究方法的不足，不仅能够估计出具体的门槛值（即我们要估算的债务平衡点），还可以对债务平衡点的显著性和有效性（或真实性）进行检验。结合式（4－31），并参考 Hansen[40]、Wang[41]和朱小黄等[64]的研究，我们构建如下计量模型：

$$\begin{aligned}\mathrm{rjgdp}_{it} = \alpha + \beta_1 \times \mathrm{rjdebtye}_{it} \times I(\mathrm{rjdebtye}_{it} < \gamma) + \beta_2 \times \mathrm{rjdebtye}_{it} \times \\ I(\mathrm{rjdebtye}_{it} \geqslant \gamma) + X'_{it} \cdot \delta + \mu_i + \psi_{pt} + \nu_t + \varepsilon_{it}\end{aligned} \quad (4-33)$$

其中，γ 为待估的债务平衡点，$I(\cdot)$ 为指标函数；其他变量与式（4－31）相应变量的含义相同，不作赘述。我们利用格点搜索法（grid search）不断尝试债务平衡点的可能取值，并得到最佳估计值γ^*，此时式（4－33）回归残差的平方和最小，即$\gamma^* = \arg\min S_1(\gamma)$。债务平衡点显著性检验的原假设为$H_0 : \beta_1 = \beta_2$，检验的统计量为$F = S_0(\gamma) - S_1(\gamma)/\hat{\sigma}^2$。在确定存在债务平衡点后，还需进一步检验债务平衡点的有效性，原假设为$H_0 : \gamma = \gamma_0$，对应的似然比统计量为$\mathrm{LR} = \left[S_1(\gamma) - S_1(\hat{\gamma})\right]/\hat{\sigma}^2$。门槛估计值真实性检验的临界值如表 4－8 所示。例如，选择 5%的显著性水平（α=95%），LR=7.35，即当 LR＞7.35 时，拒绝原假设（原假设为某一债务水平处于估计得出的债务平衡点置信区间内），表明该债务水平不处于债务平衡点置信区间内；反之反是。

表 4－8　门槛估计值真实性检验的临界值

α	0.80	0.85	0.90	0.95	0.975	0.99
LR	4.50	5.10	5.94	7.35	8.75	10.59

2. 债务平衡点的检验结果

我们利用 Stata14 软件，使用式（4－33）对债务平衡点进行估算与检验。参照已有文献的做法[41]，在进行债务平衡点估算之前，利用 LLC 检验式（4－33）里相关变量的平稳性，结果见表 4－9，发现所有变量在 1%的显著性水平下均拒绝存在单位根的原假设。

在此基础上，对地方政府债务影响经济增长的平衡点进行实证分析，得出以下结果（见表 4－10）。第一，全国、东部地区和其他地区的实证结果显示，地方政府债务与经济增长之间存在显著的单一门槛效应，即地方政府债务对经济增长的影响为倒 U 形关系，上述结果进一步印证了表 4－4～表 4－7 的实证结果和前述假说 1。第二，相比于东部地区（62.973），其他地区的债务平衡点（22.987）离原点更近，表明地方政府债务与经济增长的倒 U 形关系确实存在区域差异。图 4－7 是对表 4－10 的结果更为直观的展示，描绘了每一个债务水平对应的 LR 值。由图 4－7 可知，在东部地区，地方政府债务水平只有在超过 62 之后其对应的 LR 值才会低于 7.35；而在中部、西部和东北地区，地方政府债务水平不到 30 时其对应的 LR 值就低于 7.35。这表明，相比于东部地区，中部、西部和东北地区的债务平衡点的确偏左或偏低，与前述假说 2 一致。

表 4－9　变量平稳性检验

变量	*F* 值	*P* 值	结论
rjgdp	－5.210 0	0.000	平稳
rjdebtye	－9.602 5	0.000	平稳
sgdp	－4.788 5	0.000	平稳
gdzcgdp	－10.678 3	0.000	平稳
urban	－23.848 5	0.000	平稳
perpop	－15.174 0	0.000	平稳
czzjl	－13.577 8	0.000	平稳

表 4－10　地方政府债务影响经济增长的平衡点估算（门槛效应检验结果）

模型	假设	*F* 值	*P* 值	BS 次数	平衡点估计值	置信区间（α=95%）
全国	H0：线性模型	292.18***	0.000	300	34.936	33.995，36.121
	H1：单一门槛					
东部地区	H0：线性模型	62.83***	0.000	300	62.973	61.067，64.640
	H1：单一门槛					
其他地区	H0：线性模型	313.44***	0.000	300	22.987	22.507，23.446
	H1：单一门槛					

注：BS（bootstrap）次数指自抽样方法中的自抽样次数；*、**、***分别表示在 10%、5%、1%的显著性水平下显著。

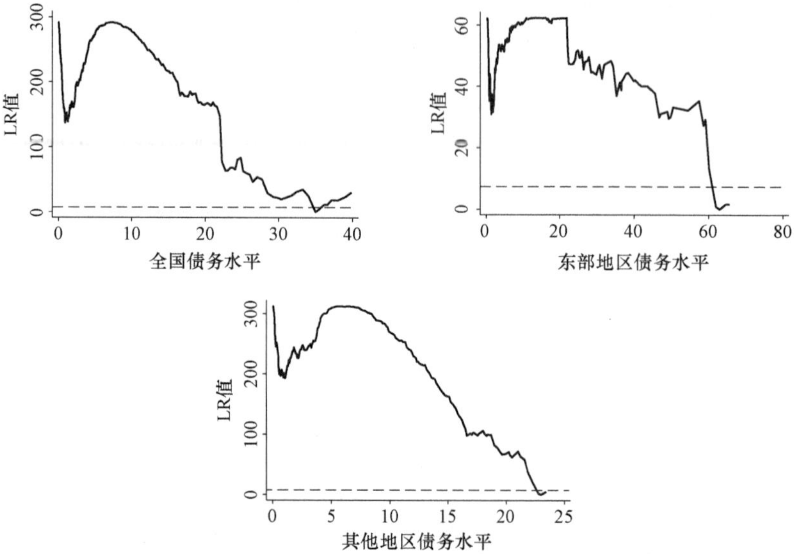

图 4-7　地方政府债务影响经济增长的债务平衡点
（全国、东部地区和其他地区）

3. 债务平衡点区域异质性的机制分析

上述结果显示，地方政府债务与经济增长之间为倒 U 形关系，且东部地区债务平衡点高于其他地区，这背后的内在机制——债务耐受性为何呈现区域差异耐人寻味。结合前述理论分析，我们从以下几个方面对内在机制进行分析。（1）经济发展水平。经济发展水平较高的地区，地方政府的债务使用效率较高、债务承受能力较强，债务耐受性也会较强。（2）财政状况。财政自给率越高，政府的偿债压力越小，债务耐受性越强。（3）是否属于城市群。城市群的要素空间集聚作用大，资金、人力资本和各类其他资源禀赋的配置效率高，是中国区域经济最具活力和潜力的核心地区[65-66]，是否属于城市群也会对债务平衡点产生影响①。

为此，我们将经济发展水平（人均 GDP）、财政状况（财政自给率）两个指标，分别以 2006 年为标准②进行中位数划分，将样本时间内高于和等于中位数的城市归类为某指标数值高的地区，将低于中位数的城市归类为某指标数值低的地区，然后按照上述门槛模型进行实证分析。此外，还按照是否属于城市群进行类似划分和实证分析。得出的结论见表 4－11 和图 4－8，与我们的预期完全一致：经济发展水平高、财政自给率高的地区，债务平衡点较高（平衡点出现较晚），债务耐受性较强；属于城市群的地区，债务平衡点出现较晚，债务耐受性较强。

表 4－11　地方政府债务影响经济增长的平衡点估算（机制探析）

模型	类别	F 值	P 值	BS 次数	平衡点估计值	置信区间（$\alpha=95\%$）
经济发展水平	高	86.35***	0.000	300	62.973	（60.772，63.870）
	低	409.81***	0.000	300	16.525	（16.191，16.923）

① 依据已有文献[65-66]，本书选取中国发展相对成熟的十大城市群来设定某地级市是否属于城市群（若其属于十大城市群中一个，视为属于城市群；若不属于十大城市群中任何一个，视为不属于城市群）。其中，东部地区城市群有 5 个，分别为长江三角洲城市群（包括上海、杭州、南京、苏州、无锡、常州、镇江、扬州、泰州、南通、嘉兴、湖州、宁波、绍兴、舟山、台州 16 个城市）、珠江三角洲城市群（包括广州、深圳、珠海、佛山、惠州、肇庆、江门、东莞、中山 9 个城市）、京津冀城市群（包括北京、天津、唐山、廊坊、保定、秦皇岛、石家庄、张家口、承德、沧州 10 个城市）、山东半岛城市群（包括济南、青岛、烟台、潍坊、淄博、东营、威海、日照 8 个城市）、海峡西岸城市群（包括福州、厦门、漳州、泉州、莆田、宁德 6 个城市）。其他地区城市群有 5 个，分别为中原城市群（包括郑州、洛阳、开封、新乡、焦作、许昌、平顶山、漯河 8 个城市）、长江中游城市群（包括武汉、黄石、鄂州、黄冈、孝感、咸宁、随州、荆门、荆州、信阳、九江、岳阳 12 个城市）、成渝城市群（包括重庆、成都、自贡、泸州、德阳、绵阳、遂宁、内江、乐山、南充、眉山、宜宾、广安、雅安、资阳 15 个城市）、关中–天水城市群（包括西安、咸阳、宝鸡、渭南、铜川 5 个城市）、辽中南城市群（包括沈阳、大连、鞍山、抚顺、本溪、丹东、辽阳、营口、盘锦、铁岭 10 个城市）。依据上述划分可知：第一，中国经济活跃的主要城市大部分在东部地区城市群；第二，东部地区绝大部分省份（除了海南）包含在上述 5 个城市群中；第三，考虑城市群的投入（包括资本要素、自然资源要素、信息化要素和人力资本要素）和产出（GDP、工业增加值和社会消费品零售总额等），东部地区城市群的投入产出效率高于其他地区。由此推断，城市群在东部地区对地级市的正面影响更大。

② 使用 2006 年数值为标准进行类别划分，是因为 2006 年是本书样本时段的起点，可避免自选择（self-selection）问题对划分标准的干扰。

续表

模型	类别	F 值	P 值	BS 次数	平衡点估计值	置信区间（α=95%）
财政自给率	高	134.16***	0.000	300	61.987	（60.146，63.602）
	低	387.16***	0.000	300	16.211	（15.732，16.308）
城市群	是	52.28***	0.000	300	62.271	（60.624，64.484）
	否	187.98***	0.000	300	17.031	（16.564，17.142）

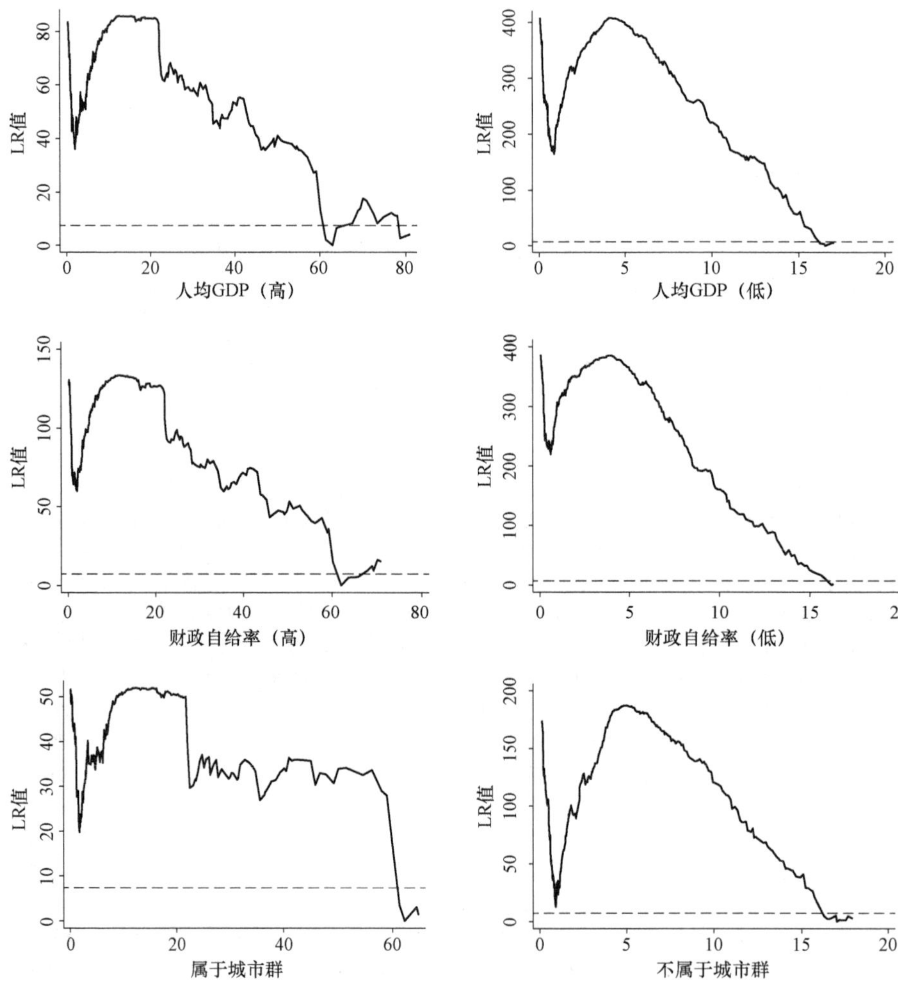

图 4-8　债务平衡点区域异质性的机制分析图

（六）结论与政策建议

1. 结论

地方政府举借债务究竟是促进还是抑制经济增长，是近年来社会各界高度关注的一个热点问题。在我国地方政府债务规模持续膨胀的形势下，对于上述问题的研究显得尤为重要。本书利用 2007—2018 年中国的地级市数据，实证检验了地方政府债务与经济增长之间的关系。研究发现：（1）控制各类固定效应以及内生性问题之后，地方政府债务水平对地区经济增长的影响呈现非线性的倒 U 形关系。这表明，如果地方政府举借债务不超过债务平衡点，地方政府债务会对经济增长产生正面影响，但随着债务规模不断扩大并超越债务平衡点，地方政府债务则会抑制经济增长。（2）地方政府债务对地区经济增长的上述影响存在明显的区域差异。相比于经济发展水平较高的东部地区，中部、西部和东北地区的债务平衡点偏低，这表明在中部、西部和东北地区，随着债务规模的持续扩大，地方政府举债更容易对当地经济增长产生抑制效应。进一步的机制分析发现，东部地区之所以表现出较高的债务耐受性，是因为在经济发展水平、财政状况以及城市群等方面占有优势。

2. 政策建议

第一，社会各界应辩证地看待地方政府债务对经济增长的作用。根据笔者的研究，中国的地方政府债务对经济增长确实存在倒 U 形的影响。这意味着，对于区域经济发展而言，地方政府债务本身并不是绝对的有利或有害，关键是债务规模是否适度。既不可盲目扩大地方政府债务规模，避免出现地方政府债务严重抑制当地经济发展的不利局面，也不可因噎废食，错失加快经济发展的宝贵机遇。这要求各地政府和研究机构紧密合作、积极探索，准确把握适用于本地区的债务平衡点，以合理控制地方政府债务规模，充分发挥政府债务对经济增长的积极效应。

第二，国家出台政策控制地方政府债务规模时不宜采取“一刀切”的做法。笔者的研究发现不同地区的债务平衡点不尽相同，东部地区的债务平衡点高于其他地区，这意味着东部地区债务增长的空间相对较大，中部、西部和东北地区则相反。因此，在全国层面出台旨在控制地方政府债务规模的重要政策时，应充分考虑地区差异，设计多档债务上限，以更为科学地引导不同地区合理利用地方政府债务促进当地经济发展。

五、专题四：地方政府债务空间溢出效应

在专题三，我们对地方政府债务与经济增长之间的关系进行了深入探析，得出随着地方政府债务规模的不断扩大，地方政府债务对经济增长会产生先扬后抑的倒U形影响的结论。同时，由于各地区受经济发展水平、财政状况以及是否属于城市群等政策及事实影响，地方政府债务对各地区经济增长的影响也存在差异。在此背景下，我们希望探析地方政府债务的最优规模，使其尽量接近倒U形的顶点，或者维持在顶点左右两侧区间，最大限度地发挥地方政府债务对经济的促进作用。本专题主要研究地方政府债务空间溢出效应，以期更加全面地掌握地方政府债务规模变动的影响机制。

（一）问题的提出与文献评述

中国地方政府债务呈现规模不断扩大、膨胀速度持续加快的趋势。地方

政府债务从2001年的约20 000亿元，增至2020年的约257 000亿元[①]。平均而言，地方政府债务总额年增长约15%，超过同期GDP增长率。如此巨大的规模和膨胀速度，引发了社会各界对于中国地方政府债务问题的关注，关于如何科学治理地方政府债务以及防范债务风险成为备受关注的问题。

中国对地方政府债务的治理也在不断完善。第一，出台了一系列文件、政策规范地方政府债务的发展。地方政府债务相关政策法规的调整主要包括以下几个方面[②]：（1）发行方式的调整，即由经国务院批准在确定限额内发行地方政府债券，到中央政府代发债券，再到地方政府可以自行发行债券。（2）是否纳入预算管理的调整，由游离于预算之外到纳入预算管理。（3）规定具体的地方政府债务事项的调整，如具体规定举债主体、用途、规模、方式、监督制约机制以及法律责任等。第二，限定地方政府债务发展规模。财政部《关于对地方政府债务实行限额管理的实施意见》（财预〔2015〕225号）规定，要合理确定地方政府债务总限额，并逐级下达分地区地方政府债务限额，要求各地严格按照限额举借债务。第三，有效防范地方政府债务风险。建立健全地方政府债务风险防控机制，在全面评估和预警地方政府债务风险的基础上，建立债务风险化解和应急处置机制，并健全地方政府债务监督和考核问责机制。同时，采取地方政府债务存量置换等措施。这些举措在一定

---

① 2015年开始，中国实行限额发行地方政府债务，有效控制了地方政府债务规模。经第十三届全国人民代表大会第二次会议审议批准，2020年末，全国地方政府债务余额为256 615亿元。其中，一般债务余额127 395亿元，专项债务余额129 220亿元，都控制在全国人大批准的债务余额限额之内。截至2021年7月末，全国地方政府债务余额279 901亿元，其中，一般债务135 743亿元，专项债务144 158亿元；政府债券278 150亿元，非政府债券形式存量政府债务1 751亿元，均在人大批准的限额之内。

② 上述调整主要体现在以下政策法规中：《中华人民共和国预算法》（1995）、《财政部代理发行2012年地方政府债券发行兑付办法》（财库〔2012〕46号）、《国务院关于加强地方政府性债务管理的意见》（国发〔2014〕43号）、《中华人民共和国预算法》（2014年修正）、《地方政府一般债务预算管理办法》（财预〔2016〕154号）、《中共中央 国务院关于防范化解地方政府隐性债务风险的意见》（中发〔2018〕27号）以及《中共中央办公厅 国务院办公厅关于印发<地方政府隐性债务问责办法>的通知》（中办发〔2018〕46号）等。

程度上起到了降低和防范地方政府债务风险的作用。

为了更加科学有效地提高地方政府债务的治理水平，除了在宏观层面准确把握地方政府债务总额、发展趋势等问题，应该更加准确地认识中国地方政府债务的中观层面现状（例如，地方政府债务的区域分布情况、发展特征）、增长机制以及影响因素。基于此目的，本部分拟从地方政府债务区域分布特征入手，研究地方政府债务增长的不同机制及其可能存在的空间溢出效应。

本专题内容安排如下：第一部分分析地方政府债务空间分布的特征，并进行相关文献评述；第二部分说明相关数据，介绍实证方法；第三部分报告实证结果，包括基准回归结果、稳健性检验；第四部分是本专题的结论。

1. 问题的提出：地方政府债务空间分布存在区域差异

根据笔者搜集整理的数据，按照2005—2018年省级人均地方政府债务余额对债务进行划分，人均债务较高的省份主要包括北京、上海、天津、江苏、重庆、福建、浙江、广东、山东、海南和河北等东部地区，而陕西、山西、内蒙古等中部地区以及黑龙江等东北地区的债务水平相对较低。本书根据地方政府债务分布特点，并结合经济发展水平，参考毛捷等[34]的做法，将全国债务分布划分为两大区域——东部地区和其他地区①。中国区域发展不均衡，在经济发展水平、财政状况、基础设施、人口增长等方面存在着较大的差异。为什么中国地方政府债务会形成如此分布状况，与区域差异之间是否存在关联呢？

基于上述分析，有两个具体问题有待研究，同时也是本专题的研究内容：

---

① 本书依据国家统计局标准进行划分，其中东部地区包括北京、天津、河北、江苏、浙江、广东、福建、山东、上海、海南10个省市，其他地区包括除上述10个省市以及西藏外的剩余20个省区市。

第一，各区域地方政府债务的差异性是否意味着背后债务增长的原因也具有差异性；第二，各地区间不同的债务规模以及各异的增长机制，是否会带来空间溢出效应，空间溢出效应如何。

2. 文献评述

有关政府债务成因的学术研究并不少见，但专门分析地方政府债务增长与区域差异的研究尚不丰富，而关于区域差异中哪些因素是影响地方政府债务增长的关键，以及对地方政府债务的空间溢出效应的分析则十分缺乏。有关地方政府债务成因问题的研究，国内学者主要从财政体制、官员晋升激励、预算软约束、债务管理体制等角度进行解释。在此基础上，国内研究也开始关注政府债务的空间溢出效应。王宝顺等[67]研究财政分权体制下地方政府公共支出的空间外溢以及地方间增长竞赛对本区域的经济增长的影响，认为地方政府公共支出存在空间外溢效应，同时生产性公共支出的空间外溢对本地经济增长有消极影响，而福利性支出对本地经济增长有积极影响。刁伟涛[68-69]通过搜集整理中国30个省区市的地方政府债务数据，并基于空间计量模型对地方政府债务的经济增长效应进行了实证分析。结果表明，考虑到经济增长的空间关联性之后，中国地方政府债务对于经济增长仍是具有促进作用的，但是其空间溢出效应不明显。郑威等[70]利用2005—2013年我国省级城投债面板数据，从税收竞争与引资竞争两个维度刻画地方政府竞争水平，运用空间计量模型实证检验地方政府竞争对地方政府债务增长的空间效应。研究发现，中国地方政府竞争与地方政府债务规模存在全域范围的正的空间自相关性，并且其局域性的空间集聚特征也尤为明显；不论是税收竞争还是引资竞争，均显著地促进了地方政府债务规模的增长；相邻地区的地方政府竞争对本地区地方政府债务规模存在显著的空间溢出效应。黄健等[17]以2010—2016年度的省级城投债数据作为衡量地方政府债务的指标，通过面板结构向量自回归模型考察了地方政府投资冲动下中国地方政府债务发行规模的变动，最终研究了地方政府债务对于地方经济增长和政府投资的作用效应。王术华[71]利用1997—2015年地方政府债务等相关面板数据，研究地方财政压力、政府支出竞争对地方政府债务规模扩张的影响，并运用空间计量模型，从全国整体和东部、中部、西部地区局部两个层面分别进行实证分析。研究表明，地方政府债务、地方财政压力与地方政府支出竞争均呈现一定的空间正相关特征；地方财政压力没有对地方政府债务规模的扩张起到促进作用，相反，在东部、西部地区还起到一定抑制作用；地方政府支出竞争对地方政府债务规模的扩张起到促进作用，尤其在西部地区，此作用更为明显。吴健梅等[72]通过对新常态下地方政府债务风险的现状及空间特征进行分析，在此基础上对债务风险的溢出效应及机制展开讨论，发现地方政府债务风险有趋稳态势，但空间分布的聚集特征以及溢出效应影响债务治理。

国内相关研究已取得重大进展，本专题拟在以下两个方面进行进一步探索。（1）探析地方政府债务增长的原因应充分考虑地区差异。由上述分析可知，中国各地区债务水平存在较大差异，发展不均衡的地区之间对不同水平债务的影响可能存在差异。因此，从债务水平差异性这一视角展开实证研究，能够更准确地揭示地方政府债务增长的内在原因。（2）重视债务水平不同的地区之间可能存在的债务溢出效应。债务水平高、经济发展水平高对相邻地区不同债务及经济发展水平的地区，是否存在溢出效应以及溢出效应如何，尚未得到深入论证。本专题利用笔者收集整理的省级政府债务和相关经济数据，对地方政府债务增长的成因进行多个维度（包括整体影响和不同地区）的实证分析，并对债务溢出效应进行实证分析，探索地方政府债务规模变动规律。

（二）数据说明和实证方法

地方政府债务的数据获取难度较大，我国仍未建立专门针对地方政府债务的官方数据库，国家审计署掌握的地方政府债务审计数据公开的程度也比较有限。本专题借鉴已有文献[30,34,63]的做法，按照显性债务与或有债务的类型，对省级地方政府债务数据进行归类整理和计算，以下是详细说明。在此，一并介绍与后续实证分析相关的其他数据。

1. 数据说明

1）地方政府债务数据

本专题的地方政府债务数据包括城投债和地方政府发行债券两部分。其中，城投债数据来自徐军伟等[53]的研究，并通过市级城投债合并至省级，形成省级城投债发行额和省级城投债余额。地方政府发行债券比较复杂，由于时间跨度为2006—2018年，地方政府发行债券经历了财政部代理发行地方政府债券、地方政府自行发债等阶段，因此对应的政府发行债券出现了国债转贷收入、国债转贷资金上年结余、财政部代理发行地方政府债券收入、地方政府债券收入、地方政府一般债务收入等统计条目；在还本付息方面，存在拨付国债转贷收入、国债转贷资金结余、政府债券还本支出、地方政府一般债务还本支出、债务付息支出等条目。按照对应关系，我们在处理地方政府发行债券的数据方面，将地方政府债券发行额定义为国债转贷收入、财政部代理发行地方政府债券收入、地方政府债券收入和地方政府一般债务收入之和；将地方政府债务还本额定义为拨付国债转贷收入、政府债券还本支出、地方政府一般债务还本支出、债务付息支出之和。与城投债相对应，地方政府发行债券也分为地方政府债券发行额和地方政府债券余额两类，其中，本年地方政府债券额定义为本年地方政府债券发行额减去本年地方政府债务还本额（有国债转贷收入的年份，该数据还要再加上国债转贷资金上年结余）。本年地方政府债券余额定义为本年地方政府债券额与上年地方政府债券额之和。

本专题实证部分所需地方政府债务数据由城投债和地方政府发行债券两部分组成，因此，省级债务发行额（debtfx）定义为地方政府债券发行额与省级城投债发行额之和，省级债务余额（debtye）定义为本年地方政府债券余额与省级城投债余额之和。地方政府债务变量含义及统计方法见表 5－1。

表 5－1　地方政府债务变量含义及统计方法

变量名	含义	统计方法
zwfx	地方政府债券发行额	财政部代理发行地方政府债券收入+地方政府债券收入+地方政府一般债务收入+国债转贷收入
zwhb	地方政府债务还本额	拨付国债转贷收入+政府债券还本支出+地方政府一般债务还本支出+债务付息支出
bnzwe	本年地方政府债券额	本年地方政府债务发行额（zwfx）－本年地方政府债务还本额（zwhb）
netamount	本年地方政府债券余额	本年地方政府债券额（bnzwe）+上年地方政府债券额
sjctzfx	省级城投债发行额	省内各市城投债发行额之和
sjctzye	省级城投债余额	本年城投债余额+上年城投债余额
debtfx	省级债务发行额	地方政府债券发行额（zwfx）+省级城投债发行额（sjctzfx）
debtye	省级债务余额	本年地方政府债券余额（netamout）+省级城投债余额（sjctzye）
debtfxpop	人均债务发行额	省级债务余额（debtfx）/常住人口（czpop）
debtyepop	人均债务余额	省级债务余额（debtye）/常住人口（czpop）

2）其他数据

本专题实证分析中还涉及人均财政赤字、人均 GDP、基础设施投资、财政自主权、城镇化率以及人口增长等数据。在此，要对基础设施投资进行专门说明。借鉴黄春元等[73]的做法，考虑地方政府债务投向，本书选用三大重点行业固定资产投资额替代固定资产投资总额指标，用“基础设施投资”指标表示，主要包含交通运输、仓储和邮政业，水利、环境和公共设施管理业，房地产业三大行业的固定资产投资额。本书使用 2006 年为基期的物价指数将名义数据调整为实际值，表 5-2 给出了本专题实证分析所用主要变量的描述性统计结果。

表 5-2　变量的描述性统计结果

变量	变量含义	样本数	平均值	标准差	最小值	最大值
Debtye	人均地方政府债务余额加 50 取对数	390	6.865	1.590	2.787	10.390
Debtfx	人均地方政府债务发行额加 50 取对数	390	6.440	1.423	3.912	9.557
Deficit	人均财政赤字取对数	390	7.820	0.774	5.646	13.460
Gdp	人均 GDP 取对数	390	2.052	0.098	1.731	2.600
Jcsstz	各省基础设施投资占 GDP 的比重（%）	390	30.250	12.250	12.74	71.100
Czfq	各省人均财政支出占全国数值的比重（%）	390	83.430	5.911	66.860	99.800
Czhl	各省城镇人口占总人口的比重（%）	390	54.100	13.640	27.460	89.600
Rkzzl	人口增长率（%）	390	5.277	2.663	-1.000	11.780

3）数据来源

上述地方政府债务数据，主要来源于《中国财政年鉴》、财政部网站和徐军伟等[53]公布的相关信息和数据。实证分析所需其他经济数据，均来自历年

《中国财政年鉴》《中国统计年鉴》《中国固定资产投资统计年鉴》。需要说明的是，由于西藏的地方政府债务等数据具有特殊性，本专题在进行实证分析时未将其纳入考虑，因此基准回归的样本时间跨度为2006—2018年，包括中国内地30个省区市的数据。

2. 实证方法

1）基准模型

首先构建不包含空间效应的基准模型，考察各个影响因素与地方政府债务之间的关系：

$$\text{Debtye}_{it} = \alpha + \beta \text{Deficit}_{it} + \psi \text{Gdp}_{it} + \eta X_{it} + u_i + v_t + \varepsilon_{it} \qquad (5-1)$$

其中，i 表示省份，t 表示年份；Debtye 表示地方政府债务规模，我们采用人均地方政府债务余额（取对数）进行度量，稳健性检验部分用人均地方政府债务发行额（取对数）进行度量；Deficit 表示地方政府财政缺口，采用人均财政赤字（取对数）进行度量；Gdp 表示经济发展水平，采用人均 GDP（取对数）进行度量。X 为控制变量，包括：（1）财政分权程度，使用各省人均财政支出占全国人均财政支出的比重进行度量（Czfq）。根据现有文献[74-75]，财政分权程度是影响地方政府债务的主要因素。地方政府财政越自由，债务水平越高。（2）人口增长压力，使用人口增长率进行度量（Rkzzl）。一些文献表明，人口增长压力越大，地方政府债务水平越高。（3）基础设施投资，用各省基础设施投资占 GDP 的比重进行度量（Jcsstz）。根据现有文献[68-69]，地方政府举债主要为了支援基础设施投资，因此基础设施投资也会影响地方政府债务规模。（4）城镇化水平，使用各省城镇人口占总人口的比重来度量（Czhl）。地方融资平台在为城镇化建设提供巨大财力支持的同时，也扩大了地方政府债务规模。[76-77]此外，u_i 表示省份 i 的个体效应，v_t 表示时间效应，ε_{it} 为随机误差项。

2）空间杜宾模型

基于前文的讨论，我们发现：地方政府债务的分布具有明显的集聚特征，即存在空间效应，因此，需要构建空间计量模型进行研究。目前，空间计量模型主要有三种，分别为空间自回归模型（SAR）、空间误差模型（SEM）以及空间杜宾模型（SDM），根据本专题的理论设想，本省的债务水平不仅受到其他省份债务水平的影响，还会受到其他省份财政状况、经济发展水平等因素的影响，因此使用 SDM 模型进行实证分析更为契合我们的理论分析。SDM 模型不仅包含了被解释变量的空间滞后项，同时还包含了其他地区影响因素的空间滞后项；不仅可以反映所有变量的空间相关性，而且使用滞后项进行估计可以很好地避免内生性问题。在此基础上，对基准模型式（5－1）进行扩展，得到 SDM 模型：

$$\begin{aligned}\text{Debtye}_{it} &= \alpha + \rho\sum_{j=1}^{N} w_{ij}\text{Debtye}_{jt} + \beta\text{Deficit}_{it} + \psi\text{Gdp}_{it} + \eta X_{it} + \\ &\quad d_i'\text{Deficit}_{jt}\xi + d_i' y_{jt}\sigma + d_i' X_{jt}\delta + u_i + v_t + \varepsilon_{it}\end{aligned} \tag{5-2}$$

其中，$\rho\sum_{j=1}^{N} w_{ij}\text{Debtye}_{jt}$ 为被解释变量的空间滞后变量，$d_i'\text{Deficit}_{jt}\xi$ 和 $d_i' y_{jt}\sigma$ 为地方政府财政缺口和经济发展水平两个解释变量的空间滞后变量，$d_i' X_{jt}\delta$ 为控制变量的空间滞后变量，$(w_{ij})_{n\times n}$ 为空间权重矩阵，d_i' 为 $(w_{ij})_{n\times n}$ 的第 i 行。后文会对空间权重矩阵进行详细说明。

3）空间权重矩阵

空间权重矩阵反映了各个区域相互依赖的程度，是进行空间计量分析的前提。借鉴马丽梅等[78]和焦敬娟等[79]的做法，构建以下两种空间权重矩阵，其中空间地理权重矩阵用于基准回归，嵌套空间权重矩阵用于稳健性检验。

（1）空间地理权重矩阵。两省区市之间的地理距离越远，空间相互作用越小。因此可将空间地理权重矩阵定义为两省区市之间距离的倒数：

$$\boldsymbol{W}_d=\left(\frac{1}{d_{ij}}\right)_{n\times n} \tag{5-3}$$

其中，d_{ij}为采用经纬度计算得到的两省之间的距离。

（2）将地理距离与经济距离结合起来，构建嵌套空间权重矩阵，具体构建方法如下：

$$(w_{ij})_{n\times n}=\boldsymbol{W}_d\text{diag}\left(\frac{\overline{y_1}}{\overline{y}}\quad\frac{\overline{y_2}}{\overline{y}}\quad\cdots\quad\frac{\overline{y_n}}{\overline{y}}\right) \tag{5-4}$$

其中，$\boldsymbol{W}_d$为空间地理权重矩阵；$\overline{y_i}$为第i个省份的人均 GDP，$\overline{y}$为所有省份人均 GDP。

（三）空间溢出效应实证结果及其分析

1. 空间自相关检验

在进行空间回归分析之前，首先应当检验地方政府债务的空间自相关程度，莫兰I数（Moran's I）是目前学术界普遍认可的度量空间自相关程度的指标之一。莫兰I数通常在-1到1之间。数值为正，证明研究样本具有正的空间自相关；数值为负，证明研究样本具有负的空间自相关。本专题采用人均地方政府债务余额（Debtye）来计算莫兰I数，具体结果见表5-3。

从整体回归结果来看，无论用邻接矩阵，还是更换空间地理权重矩阵或嵌套空间权重矩阵，所有年份的地方政府债务的莫兰 *I* 数均显著为正，这说明我国地方政府债务可能存在正的空间自相关关系。从空间地理权重矩阵来看，地方政府债务均在 1%的显著性水平下显著，可以看出全国各地区存在显著的空间自相关关系。由此可见，将空间效应纳入地方政府债务水平的考虑具有必要性。

表 5-3　2006—2018 年地方政府债务空间自相关的莫兰指数

年份	邻接矩阵		空间地理权重矩阵		嵌套空间权重矩阵	
	莫兰 *I* 数	*P* 值	莫兰 *I* 数	*P* 值	莫兰 *I* 数	*P* 值
2006	0.398***	0.000	0.309***	0.000	0.312***	0.003
2007	0.462***	0.000	0.383***	0.000	0.425***	0.000
2008	0.277***	0.004	0.288***	0.000	0.297***	0.005
2009	0.326***	0.001	0.348***	0.000	0.322***	0.003
2010	0.298***	0.002	0.346***	0.000	0.331***	0.002
2011	0.314***	0.001	0.363***	0.000	0.345***	0.001
2012	0.278***	0.003	0.333***	0.000	0.318***	0.003
2013	0.257***	0.006	0.311***	0.000	0.296***	0.005
2014	0.238***	0.009	0.301***	0.000	0.296***	0.005
2015	0.171**	0.039	0.259***	0.001	0.251**	0.013
2016	0.153*	0.053	0.229***	0.002	0.211**	0.028
2017	0.150*	0.055	0.217***	0.003	0.205**	0.031
2018	0.108	0.110	0.197***	0.007	0.191**	0.040

2. 空间回归结果

基于中国的 30 个省区市总体对地方政府债务的空间溢出效应进行分析，

实证结果见表 5－4。表 5－4 模型 1 所在列数据为基准模型回归结果，模型 2～模型 4 为更换了不同空间权重矩阵的回归结果。实证中对随机效应和固定效应模型的采用均根据 Hausman 检验结果选取。

表 5－4　地方政府债务空间面板回归结果

	被解释变量 Debtye					
	OLS 回归模型（模型 1）	SDM 模型—邻接矩阵（模型 2）	SDM 模型—距离矩阵（模型 3）	SDM 模型—嵌套矩阵（模型 4）	SDM 模型—东部地区（模型 5）	SDM 模型—其他地区（模型 6）
Deficit	−0.871 5* （−1.718 9）	−1.685 7*** （−4.328 0）	−1.640 9*** （−4.160 5）	−1.637 9*** （−3.937 7）	4.506 3** （2.551 1）	−4.064 8*** （−6.688 6）
Gdp	13.001 4** （3.269 3）	20.349 7*** （2.832 1）	20.210 1*** （6.445 4）	20.370 5*** （6.208 1）	−22.631 2* （−1.792 7）	49.687 5*** （7.950 9）
Jcsstz	0.035 2*** （7.999 3）	0.036 3*** （7.165 0）	0.041 4*** （7.694 9）	0.032 5*** （5.942 0）	0.016 2 （1.245 0）	0.035 0*** （6.923 0）
Czfq	−0.001 9 （−0.118 7）	0.040 9** （2.418 9）	0.027 5 （1.558 3）	0.022 9 （1.259 1）	0.081 4* （1.259 1）	−0.089 3*** （−3.429 8）
Czhl	0.083 8*** （13.139 6）	0.074 6*** （9.784 8）	0.071 5*** （8.722 0）	0.075 0*** （8.877 3）	0.054 1*** （2.706 7）	0.070 4*** （5.632 0）
Rkzzl	0.043 8** （2.312 2）	−0.029 9 （−1.001 4）	−0.060 5* （−1.888 6）	−0.038 3 （−1.228 3）	0.106 8** （2.338 1）	0.034 0 （1.002 7）
W*Deficit		2.408 7*** （3.301 4）	2.490 6*** （3.008 8）	1.721 7*** （2.715 6）	1.480 9 （0.639 5）	1.922 6* （1.721 5）
W*Gdp		−21.163 6*** （−3.656 1）	−22.638 9*** （−3.395 1）	−17.625 4*** （−3.385 9）	−13.145 2 （−0.807 2）	−19.639 9* （−1.713 5）
W*Jcsstz		−0.037 2*** （−4.718 4）	−0.056 2*** （−5.332 0）	−0.025 0*** （−3.073 3）	−0.024 4 （−1.322 9）	−0.001 0 （−1.205 8）
W*Czfq		−0.065 8** （−2.336 6）	−0.055 5 （−1.383 4）	−0.011 2 （−0.352 5）	0.073 4 （0.964 2）	0.069 4 （1.578 4）
W*Czhl		−0.032 5*** （−2.581 7）	−0.026 3 （−1.440 1）	−0.032 5*** （−2.414 0）	−0.032 5 （−1.564 8）	−0.069 0*** （−3.641 0）
W*Rkzzl		−0.003 2 （−0.078 1）	0.101 9* （1.661 3）	0.058 0 （1.318 3）	0.077 8 （1.316 6）	0.051 2 （0.844 6）

续表

	被解释变量 Debtye					
	OLS 回归模型（模型 1）	SDM 模型—邻接矩阵（模型 2）	SDM 模型—距离矩阵（模型 3）	SDM 模型—嵌套矩阵（模型 4）	SDM 模型—东部地区（模型 5）	SDM 模型—其他地区（模型 6）
ρ		0.650 5** （16.430 8）	0.749 6*** （22.455 5）	0.555 5** （17.313 4）	0.276 2*** （4.179 1）	0.391 8*** （6.841 2）
常数项	–18.662 6*** （–4.316 1）					
地区固定效应		YES	YES	YES	YES	YES
时间固定效应		YES	YES	YES	YES	YES
观测值	390	390	390	390	143	247
R^2	0.716 3	0.873 2	0.874 6	0.860 4	0.886 7	0.899 2
corr – squared		0.778 2	0.741 9	0.735 7	0.842 0	0.873 1
Log L		356.007 3	356.351 0	379.088 3	115.842 9	177.477 5

注：***、**、*分别表示在 10%、5%、1%的水平下显著，括号内数据为标准差。

1）整体实证回归结果

从整体的回归结果来看，相比于基准回归模型，加入空间效应的回归模型具有更好的拟合优度。从模型 2～模型 4 中可以看出地方政府债务的空间滞后项系数 ρ 均显著为正值，说明地方政府债务具有正的空间溢出效应，即若某一地区提高债务水平，也会影响周边地区提高债务水平。某省份地方政府采取积极的举债行为会引起周边省份政府同样采取积极的举债行为。

基准模型的回归结果表明，人均财政赤字与地方政府债务水平在 10%的显著性水平下存在负向关系。而在加入了空间效应后，SDM 模型的估计结果与基准模型回归结果一致：人均财政赤字与地方政府债务水平之间表现出显著的负向关系，即本省份的财政缺口越大，债务水平越低。基准模型回归的结果表明，人均 GDP 与地方政府债务水平之间存在显著的正向关系。在加入了空间效应后，SDM 模型的估计结果显示：人均 GDP 与地方政府债务水平之间的关系仍显著为正。可能的原因是经济发展水平越高的地区，承担债务风险的能力强，具有较强的偿债能力，因此地方政府会倾向举债。相反，经济发展水平较低的地区，承担债务风险能力较弱，出于稳健发展经济的考虑，对于举债持谨慎态度。

此外，财政分权在基准回归结果中并不显著，且财政分权与地方政府债务呈负相关关系。而在加入空间效应后可以发现，财政分权与地方政府债务呈正相关关系，即财政分权程度提高，地方政府债务水平也相应提高。这说明，忽略空间效应的回归结果是有偏差的，在不考虑空间效应的情况下，我们可能错误地认为财政分权与地方政府债务水平呈负相关。但实际财政分权程度的提高，反而促进了政府举债行为。可能的原因是财政分权程度高的地区往往人均财政支出较高，地方政府可支配资金较充足，出于偿债能力强的考虑，该地区政府更乐意通过举债的方式发展地区经济。

人口增长率变量在基准模型回归的估计结果显著为正，说明本省份的人口增长越快，地方政府举债动机越大。而在加入空间效应后的回归结果为负，显著性水平较弱，不具有说明性。基础设施投资变量的估计结果均显著为正，说明基础设施完善的地区有着较强的偿债能力。城镇化水平变量的基准模型估计结果与地方政府债务水平存在显著为正的关系。

从各变量空间滞后项系数的估计结果来看，人均财政赤字的空间滞后项系数显著为正，表明其他省份的财政缺口越大，本省份的政府债务水平越高。原因可能在于，其他省份财政缺口越大，意味着在财政收入一定的情况下，会增加其财政支出，这使得本省份在财政竞争的情况下，进一步增加本省份的财政支出，从而引致债务水平的提升。人均 GDP 的空间滞后项系数为负，说明其他省份的经济发展水平越高，本省份越有可能降低债务水平，存在这一现象的原因可能是经济发展水平较高的地区吸引外商投资的能力较强，周边欠发达地区没有核心竞争力，通过举债的方式拉动 GDP 增长。此外，基础设施投资的空间滞后项系数显著为负，说明其他省份增加其基础设施投资，会使得本省份降低债务水平。这意味着其他省份增加财政支出（增加基础设施投资），会通过影响本省份的财政状况，最终引致债务水平的降低。财政分权、城镇化水平以及人口增长率的空间滞后项系数显著为负，说明其他省份的财政自由度以及城镇化水平越高，人口增长压力越大，本省份地方政府债务水平越低。

2）分组实证结果

为了检验地方政府债务规模在不同经济发展区域的影响情况，我们将中国的 30 个省区市分为东部地区和其他地区进行分组回归，相关分组结果见表 5-4 的模型 5 和模型 6，东部地区与其他地区回归结果对比分析如下。

第一，核心解释变量财政赤字在东部地区和其他地区对地方政府债务存在相反的影响，替换被解释变量进行异质性检验也是如此。我们认为可能是由于东部地区经济较发达，有较好的偿债能力，财政压力的扩大会使得东部发达地区选择发债的方式缓解财政压力。而其他地区经济发展较慢，偿债能力弱，面对较大的财政压力往往会选择缩减相应的财政支出，减少发债。变量 Gdp 在东部地区和其他地区也存在相异的影响，在东部地区经济发展水平越高，发债规模越小，在其他地区 GDP 与发债规模呈正相关关系。这可能是在经济发达的东部地区，经济发展水平较高，财政收入足够满足财政支出等刚性需求，举债动机较小。而其他地区经济发展程度较低，地方政府为了进一步推动经济发展，倾向于通过发债的方式集资。财政分权对地方政府债务的影响在东部地区和其他地区也存在不同，存异的原因与财政赤字相同。而基础设施投资、财政红利、人口增长率等变量的回归结果与整体回归一致。

第二，从空间滞后项系数来看，东部地区和其他地区对地方发债均呈现相同的影响。地方政府债务的空间滞后项系数ρ在东部地区与其他地区回归中均显著为正，这说明无论经济发展程度如何，地方政府的发债行为均显著受到周边省份的影响，这与整体回归结果一致。

3）稳健性检验

本部分通过更换空间权重矩阵以及被解释变量来进行稳健性分析，将空间邻接矩阵替换为距离矩阵以及嵌套矩阵，对 SDM 模型进行地区和时间双固定效应回归，相关结果见表 5-5，相关检验结果基本与邻接矩阵检验结果保持一致，回归结果具有稳健性。将被解释变量替换以后，运用相关矩阵进行 SDM 双固定效应回归，相关结果见表 5-5，相关检验结果大体保持一致，相差不大，说明本部分的回归结果具有一定可信度。

表 5-5　地方政府债务空间面板稳健性检验结果

	被解释变量 Debtfx			
	SDM 模型— 邻接矩阵（模型 1）	SDM 模型— 距离矩阵（模型 2）	SDM 模型— 东部地区（模型 3）	SDM 模型— 其他地区（模型 4）
Deficit	-1.276 0*** (-3.369 8)	-1.266 9*** (-3.291 9)	4.267 2*** (2.653 0)	-4.301 5*** (-7.286 5)
Gdp	17.544 9*** (5.818 1)	17.717 9*** (5.794 6.)	-20.889 8* (-1.817 5)	53.640 1*** (8.834 8)
Jcsstz	0.034 8*** (7.060 0)	0.038 0*** (7.247 8)	0.034 3*** (2.880 3)	0.033 9*** (6.890 5)
Czfq	-0.000 8 (-0.048 6)	-0.001 0** (-0.580 4)	0.000 3 (0.007 2)	-0.141 6*** (-5.598 8)
Czhl	0.076 4*** (10.314 2)	0.072 5*** (9.086 3)	0.062 7*** (3.437 2)	0.059 8*** (4.927 9)

续表

	被解释变量 Debtfx			
	SDM 模型—邻接矩阵（模型 1）	SDM 模型—距离矩阵（模型 2）	SDM 模型—东部地区（模型 3）	SDM 模型—其他地区（模型 4）
Rkzzl	-0.011 2 （-0.386 0）	-0.024 1 （-0.773 5）	0.057 0 （1.366 6）	0.008 2 （0.248 9）
W*Deficit	2.245 6*** （3.170 1）	2.584 8*** （3.207 9）	0.351 7 （0.166 3）	1.095 6 （0.998 2）
W*Gdp	-19.247 1*** （-3.422 5）	-22.346 9*** （-3.437 4）	-3.733 8 （-0.251 1）	-12.448 3 （-1.098 7）
W*Jcsstz	-0.032 6*** （-4.230 0）	-0.048 5*** （-4.714 8）	-0.030 4* （-1.802 4）	-0.008 1 （-0.998 8）
W*Czfq	-0.030 0 （-1.096 1）	-0.016 5 （-0.422 2）	0.042 2 （0.607 0）	0.066 2 （1.530 5）
W*Czhl	-0.025 5** （-2.051 4）	-0.016 9 （-0.936 8）	-0.027 3 （-0.963 9）	-0.043 3** （-2.342 3）
W*Rkzzl	0.002 2 （0.056 0）	0.075 8 （1.270 0）	0.063 9 （1.191 5）	0.067 1 （1.140 4）
ρ	0.535 5*** （11.175 6）	0.604 4*** （12.565 6）	0.260 1*** （3.875 3）	0.305 7*** （4.772 2）
地区固定效应	YES	YES	YES	YES
时间固定效应	YES	YES	YES	YES
观测值	390	390	143	247
R^2	0.850 6	0.851 5	0.877 5	0.884 9
corr-squared	0.789 2	0.784 6	0.844 0	0.867 0
Log *L*	335.110 5	334.170 6	102.897 6	147.148 6

注：***、**、*分别表示在 10%、5%、1%的水平下显著，括号内数据为标准差。

纵观整体回归结果或分地区回归结果，地方政府债务的空间滞后项系数一直为正，说明地方政府债务具有正的空间溢出效应。其他控制变量系数及滞后项系数在几次回归中符号基本一致，显著性水平差异不大。综上所述，说明本部分的实证结果具有较好的稳定性。

（四）结论与政策建议

1. 结论

地方政府债务增长机制，是近年来社会各界高度关注的一个热点问题。本专题根据 2006—2018 年中国的 30 个省区市的省级数据，利用空间计量模型实证检验了地方政府债务增长的影响机制。研究得出以下结论。

（1）从静态上看，影响地方政府债务水平的因素主要分为三大类。第一，抑制地方政府债务增长的因素。财政赤字与地方政府债务水平之间存在显著的负向关系。这表明，本省份财政赤字越大，越增加政府还债压力，减弱举债动机。第二，促进地方政府债务增长的因素。财政分权、城镇化率和基础设施投资与地方政府债务水平之间存在显著的正向关系。政府自主决定财政收支的权力越大，所受约束越弱，越可能采取举债来缓解财政压力；城镇化率越大、基础设施投资越不完善的地区，对地方政府的要求越高，政府举债动机越大。第三，经济发展水平对地方政府债务增长的影响要分地区进行甄别。由于经济发展水平对于地方政府债务具有双向作用的关系，即经济发展水平较高的地区，政府财政收入较高，民间资本更为活跃，债务使用效率也更高，因此举债需求较小，从而抑制债务增长。相反，经济发展水平较低的地区，出于经济发展、改善民生等方面的需要，举债需求较大，因此会促进地方政府债务水平提升。因此，需要甄别区域差异对地方政府债务增长机制带来的影响。

（2）从空间溢出效应上看，影响地方政府债务水平的因素主要分为两大类。第一，财政赤字与地方政府债务水平之间存在正的空间自相关，即相邻地区的财政赤字水平的提高，将会产生明显的空间溢出效应，导致本地区增加地方政府债务规模。第二，财政分权、城镇化水平以及人口增长率与地方政府债务水平之间存在负的空间自相关，即相邻地区的上述因素水平的提高，将会产生明显的空间溢出效应，导致本地区产生降低地方政府债务规模的冲动。

（3）地方政府债务增长的影响因素存在明显的区域差异。相比于其他地区，经济发展水平对东部地区债务增长的抑制作用更大，人口增长压力、财政分权对东部地区债务增长的促进作用更明显。由于东部地区基础设施建设相比其他地区更完善，因此，基础设施建设投资对其他地区地方政府债务的促进作用更加明显。从空间溢出效应看，经济发展水平、财政赤字和城镇化水平对其他地区的空间溢出效应更明显。

2. 政策建议

第一，为了更加合理地控制地方政府债务规模，防范地方政府债务风险，应根据债务分布特征及债务增长机制区别对待。本专题研究发现，提高经济发展水平对抑制东部地区债务增长的作用更为明显，而提高城镇化水平对于抑制其他地区债务增长则作用更大，因此，应加快落实建立“权责清晰、财力协调、区域均衡”的央地财政关系，统筹解决区域债务风险问题。对于东部地区，鉴于其较强的经济发展实力，对地方政府债务具备一定的消化能力，可以适当保持较高档债务控制规模，但应重点防范地方官员利用政府债务盲目追求政绩的风险。而对于其他欠发达地区，首先应设置较低档债务控制规模；其次应积极推进区域经济协调发展战略，加快中部、西部地区城市群建设，提高中部、西部地区经济发展水平，增强其债务承受能力；最后可以适当加强对中部、西部地区的转移支付水平，以满足其城镇化建设需要，从而降低政府债务。

第二，国家出台政策控制地方政府债务规模时，还应考虑相邻地区地方政府债务的空间溢出效应。笔者研究发现，地方政府举债容易通过 GDP 竞争以及财政扩张等渠道进行传导，影响其他地区政府举债。因此，为了弱化 GDP 绩效考核竞争带来的政府债务空间溢出风险，应加快推进官员考核机制改革，逐步取消 GDP 单一绩效考核指标，建立地方政府债务指标（规模和效率两方面指标），并将其纳入由政治、经济、生态等多方面构成的综合考核体系中。这样做一方面可以减少地方官员为追求政绩工程、形象工程而冲动举债的风险，另一方面可以有效控制政府债务扩张的速度与规模，促使地方政府审慎举债，科学用债。

第三，在治理地方政府债务时，应重点关注地方官员举债的短期效应。本专题实证表明，无论当地政府的举债行为，还是其对相邻地区举债的空间溢出效应，都存在明显的短期举债冲动。因此，为防范地方政府为了短期利益盲目举债的风险，结合风险滞后性的特点，应考虑适当延长地方政府官员的考核期限，将官员任期结束后的经济发展状况纳入绩效考核指标。此外，可以考虑建立举债问责机制，坚持举债主体与偿债责任相匹配，以降低甚至阻断举债产生的空间溢出效应。

六、专题五：人口老龄化、人口流动与地方政府债务

在区域差异背景下，专题三和专题四分别从地方政府债务对经济增长的影响、地方政府债务空间溢出效应等方面，探究地方政府债务对经济增长的影响机制以及地方政府债务规模变动的规律。考虑到当前我国人口老龄化以及人口流动等人口结构特征，本专题拟从人口结构变动视角揭示地方政府债务的增长机制。

伴随我国人口老龄化程度的不断加深，人口老龄化是否会显著推动地方政府债务增长成为近年来社会各界关注的热点。2000 年中国正式步入老龄化社会，根据国家统计局数据显示，2021 年中国老龄化程度（65 岁及以上老年人口占比）由 2000 年的 7.0%加速提升至 14.2%，中国正式步入中度老龄化社会。同一时期，中国地方政府债务从 2001 年的约 20 000 亿元，增至 2020 年的约 257 000 亿元，年均增长率约为 13.6%。当前，中国面临人口老龄化与地方政府债务双双攀升的局面。地方政府债务发展速度如此之快，与快速的老龄化之间是否存在关系？如是，人口老龄化是如何影响地方政府债务的？此外，中国有着规模较大的人口流动，人口流动会对流入地与流出地公共服务供给、经济增长等各个方面产生影响。由此，人口流动是否也会影响地方政府债务的规模？结合人口流动，人口老龄化是否会对地方政府债务产生叠加

或抵消作用？《“十四五”规划和2035年远景目标纲要》中提出，要实施积极应对人口老龄化国家战略。在减税降费大背景下，政府财政的可持续性面临压力，以债务来缓解政府财政压力是政府常用的解决之道。因此，在这些因素叠加的大背景下，研究人口老龄化、人口流动与地方政府债务问题显得更加重要。

（一）文献评述

关于老龄化与地方政府债务之间的关系问题，国内外学者主要集中研究了以下几个方面的内容。

1. 老龄化对发达经济体主权债务危机的影响

欧洲国家较早关注人口老龄化对经济的影响，认为老龄化会造成劳动力短缺与老化、加重社会保障负担、抑制创新等，对经济增长有抑制作用。同时，也有学者研究发现老年人口的增加能够提高储蓄率，提高人力资本投资，对经济增长有正向调节作用。[80-83]因此，老龄化对经济的影响并没有形成一致结论。

欧洲国家自2008年开始发生的主权债务危机，使得更多的学者开始关注老龄化与债务危机之间的关系。围绕这一主题，国内学者主要探讨欧洲债务危机中人口老龄化对养老保险制度的影响，并为我国养老金制度改革提供政策建议。根据欧洲国家债务危机的事实，国内学者从理论[84-85]和实证[86-91]两大方面进行了研究，认为人口老龄化会扩大养老金制度体系存在替代率过高、待遇率失衡等问题的负面效应。同时，老年抚养比的不断提高，使得欧洲国家福利支出大幅增加，老龄化是诱发欧洲国家债务危机的原因之一。在此研究基础上，国内学者提出防止潜在财务风险发生的相应政策建议，包括延长退休年龄、改善养老金制度中参数不合理情况、改善再分配因素失衡等。

2. 老龄化对中国政府债务的影响

国内学者研究国内政府债务的文献自 1999 年起逐渐增加，以政府债务为主题，围绕债务成因、债务风险、债务管理等方面进行了非常丰富的研究与积累。关于老龄化对中国政府债务影响的研究，相比而言并不多，还处于起步阶段。利用中国知网指数功能，自 2009 年起，关键词为“政府债务”的中文文献数量呈现井喷状，至 2020 年相关中文文献数量累计为 8 531 篇。当将关键词设定为“政府债务”与“老龄化”，获得的文献数量不多，但研究处于上升趋势。2011—2020 年累计数量为 54 篇。①

现有文献中，对于人口老龄化与中国政府债务的研究，主要体现出以下几个阶段特征：第一阶段，关注养老保险制度可持续性的研究。1997 年 7 月《国务院关于建立统一的企业职工基本养老保险制度的决定》标志着养老保险由原来的现收现付模式调整为“社会统筹与个人账户”模式，这一转变引发国内学者对养老保险制度的可持续性进行了较多研究，其中有学者[92-94]对养老保险制度改革中隐性债务问题进行了探讨，认为制度转型所带来的收支缺口等隐性债务问题亟须解决。第二阶段，突出人口老龄化对养老保险制度的影响。随着人口老龄化程度的不断加深，国内学者开始重点关注人口老龄化

① 利用中国知网指数功能进行文献搜集整理的时间为 2021 年 5 月 20 日，因此所有相关文献统计数量均为截至 2021 年 5 月 20 日的数据。

对养老保险制度的影响，尤其是欧洲债务危机的爆发，人口老龄化所带来的财政支出负担的加重，成为这一阶段的研究重点。除了上述研究人口老龄化对欧洲等国家债务危机的影响外，国内学者也同步研究人口老龄化对我国养老金制度的影响[95-96]。第三阶段，关注人口老龄化与中国政府债务之间的关系。学者们在探讨老龄化对中国政府资产负债表以及财政稳定性影响的基础上[97-99]，逐步开始分析老龄化与政府债务之间的关系。学者们主要利用省级面板数据，通过实证分析，分别从人口老龄化、财政支出刚性、人口老龄化与房价波动等角度分析老龄化对地方政府债务的影响。研究认为，人口流出比例越高、老年人口抚养比越高，财政支出刚性越高，地方政府负债率越高[100]；人口老龄化对房价和地方政府债务风险有着显著的影响，其中人口老龄化会对地方政府债务风险造成长期的正向冲击[101]。也有学者开始探究老龄化对地方政府债务的影响机制。陈小亮等[102]基于 2010—2017 年中国内地 30 个省区市的面板数据进行实证研究，认为老龄化在增加财政养老支出的同时，也会降低经济增速，老龄化通过“分子端”和“分母端”两条机制对中国的地方政府债务负担产生较为显著的不利影响。

国内围绕地方政府债务的成因、管理、与经济之间的关系等方面的研究非常丰富，并均已取得重大进展。但关注人口结构，尤其是人口流动下的老龄化对地方政府债务影响的研究还不多，且已有研究存在以下待深入挖掘的空间：（1）主要站在国际视角研究该问题，针对中国的研究不多。由上述文献综述可知，无论是从文献数量还是从研究深度而言，国内学者主要是以发达经济体或者将中国作为国家层面研究样本之一进行研究，专门针对中国老龄化问题给地方政府债务造成的影响方面的研究文献较少，或者说针对该问题的研究才刚刚起步。（2）对中国该问题的研究，主要关注老龄化对地方政府债务的影响，结合人口流动所带来的综合影响并未成为重点关注方向。人口流动会通过劳动力、投资、技术与消费等超导机制对经济发展产生影响。[103-105]由此，在关注老龄化的同时，有必要将人口流动的影响因素一并考虑进来，以综合考量人口结构变动对地方政府债务的影响，得出更加科学的结论，为地方政府债务的管理提出科学、合理、综合的政策建议。

本专题余下内容安排如下：第二部分结合人口流动分析老龄化对地方政府债务的影响机制并提出研究假设；第三部分说明相关数据，介绍实证方法；第四部分和第五部分报告实证结果，包括基准回归结果、稳健性检验以及老龄化对地方政府债务的影响机制分析；第六部分是结论与政策建议。

（二）理论分析与研究假设

1. 理论分析

人口老龄化是中国未来社会的长久特征之一，老年人口占比持续增加，将会对一国或地区的消费、产业发展、社会保障等各个方面产生深远影响。已有文献发现，人口老龄化是导致政府债务规模不断攀升的原因之一。[106-107]中国未富先老的社会现状，一方面可能从劳动效率、创新等方面影响经济增长，进而影响财政收入；另一方面使得公共服务供给需要逐步或快速向适应老龄化社会过渡。老龄化对财政收支方面的影响，可能导致政府财政收支不均衡，成为引发政府债务规模不断扩大的原因。此外，还有另一个不容忽视的人口结构问题——人口流动。人口流动在为流入地注入劳动力进而提高劳动效率促进经济增长的同时，也会加大流入地公共服务供给压力，进而给当地政府造成财政压力，形成举债动机。因此，本部分从中国实际情况出发，基于一个综合性的视角（包括人口流动以及其他相关因素等）展开分析，阐释老龄化影响地方政府债务的内在机制，为后续的实证分析提供理论依据。

中国虽然是世界第二大经济体，但收入仍处于中等偏上国家水平，中国老龄化呈现规模大、速度快以及未富先老的明显特征。[①]中国人口老龄化的三个特征，短时期内具有不可逆性，将会长期伴随中国经济社会的发展，并将对社会各个方面产生不容忽视的影响。仅从财政收支角度来看，一方面，不断加深的老龄化会带来劳动人口的减少、劳动生产率的变化以及改变社会消费水平等，对经济增长以及税收收入产生影响进而影响财政收入；另一方面，人口老龄化会提高社会抚养比，加大养老金负担，而且随着老年人口占比不断提高，对医疗保障、社会救助等老年人急需的公共服务项目有了更加迫切的诉求，这些会进一步加大政府财政支出的压力。由文献综述可知，人口老龄化对经济增长的影响并无定论，即老龄化是会抑制经济增长还是会促进经济增长，以及对税收收入的影响如何也无定论，进而也不能肯定对财政收入是否会产生抑制或促进的影响。但从财政支出角度而言，老龄化必然加大政府财政支出压力。根据我们搜集整理的数据，对老龄化与地方政府债务之间的关系进行初步分析发现，随着老龄化程度的不断加深，地方政府债务规模也随之不断提升，其关系见图 6-1。结合理论与现实，我们初步判断，老龄化会推动地方政府债务规模增长，是地方政府债务增长的诱因之一。但老龄化是否从收支两个角度共同影响政府财力平衡，还需进一步探讨，这也是本

① 中国人口老龄化具有三个特征，即老年人口规模大、老龄化速度快以及未富先老。2019 年中国 65 岁以上人口占比为 12.6%，与 2000 年的 7.0%相比，老龄化年均增长率约为 2.98%。而 2019 年 65 岁以上人口占比的世界平均水平为 9.0%。与世界平均水平相比，中国老年人口规模不仅大而且老龄化速度快。据联合国的预测数据，在 2015—2050 年间，中国 60 岁及以上人口的比重年平均增长速度为 2.35%，同期该比重的世界平均增长速度为 1.53%。

专题第五部分对老龄化影响地方政府债务机制做进一步分析的原因。

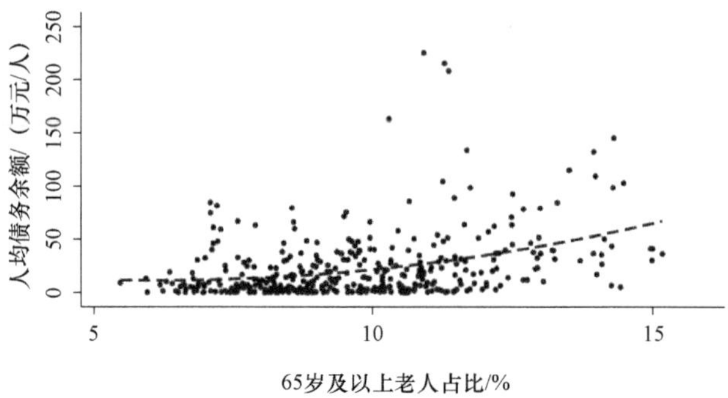

图 6－1　老龄化与地方政府债务的关系

中国的人口流动具有流动规模大、老年流动人口规模不断上升以及青壮年劳动力占比呈下降趋势等三个特征。①大规模的人口流动，给流入地公共服务供给带来巨大压力。由于中国特有的户籍制度，地方基本公共服务供给主要以户籍人口为依据，[108-109]人口流入要么挤占公共资源，造成当地人均公共服务供给水平下降，要么直接导致流入地公共服务供给加大。无论哪种情况发生，都会给流入地带来财政支出压力，加大当地收支不平衡程度，形成举债压力。

同时，老年流动人口规模不断上升，以及青壮年流动劳动力占比的下降，人口流动有可能加大流入地人口老龄化的程度。流动人口中老年人占比越来越高，2010 年 60 岁及以上老年流动人口比例为 3.87%，2015 年该比例上升至

① 中国人口流动的特征如下：（1）流动规模大。国家卫生健康委员会发布的《中国流动人口发展报告2018》显示，2018 年末中国流动人口 2. 41 亿人，约占全国总人口的 1/6。（2）老年流动人口规模不断上升。总体来讲，中国流动人口始终以劳动年龄人口为主，儿童人口和老年人口占比相对较少。但随着人口结构的不断变化，流动人口的高龄化趋势日益明显。有数据显示，中国老年流动人口规模从 2000 年的 503.02 万逐步增加到 2015 年的 1 304.30 万，15 年间规模增大了接近 1.6 倍，年均增长 6.6%。（3）青壮年流动劳动力占比呈下降趋势。1990—2010 年 16～44 岁青壮年流动劳动力占比基本稳定在 70%左右，2010—2015 年该比例开始出现下降，至 2015 年下降了 2.6%。同期 45～59 岁流动人口比例由 2010 年的 12.5%上升至 2015 年的 15.6%。

5.88%。[110]我们以所搜集的数据中人口流入平均值为限，将人口流入地分为人口流入高（大于平均值）和人口流入低（小于平均值）两个地区，发现人口流入高的地区老龄化程度会更显著，见图6－2。

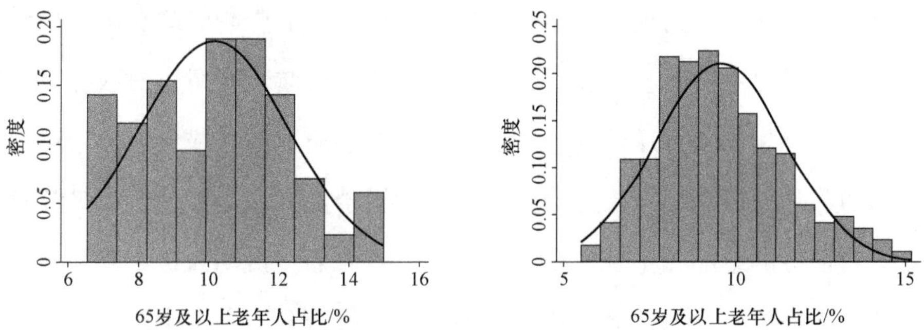

人口流入高的地区老龄化情况　　人口流入低的地区老龄化情况

图6－2　人口流入高与人口流入低的地区老龄化情况

由此可见，流动人口的规模不断扩大，年龄结构的不断变化，对流入地与流出地的经济、公共服务等各方面都提出了挑战。

2. 研究假设

综合以上分析（包括第二部分的典型事实和既有文献评述），我们认为中国的人口老龄化、人口流动对地方政府债务的影响机理如图6－3所示：（1）人口老龄化会通过改变劳动效率、创新能力、消费结构等方面，对一国或一个地区经济增长和税收收入产生正向或负向影响①，进而影响政府财政收入。究竟呈现何种效应取决于社会能否及时应对老龄化、充分发挥老年人的优势，调

① 学者们关于老龄化对经济增长的影响尚未形成定论，部分学者认为老龄化导致劳动力短缺与老化、加重社会保障负担、抑制创新等，抑制经济增长。相反，也有学者研究发现老年人口的增加能够提高储蓄率，提高人力资本投资，促进经济增长。同时，老龄化对税收收入的影响也并不确定，有研究认为老龄化会降低个人所得税，但会相应提高商品税。老年人口商品税负的高低对于财政可持续性的影响也呈现出先抑后扬的非线性关系。

整产业和消费等。(2)人口老龄化的不断加深，对社会保障支出、医疗支出有迫切需要，需要公共服务支出逐步向适应老龄化需求过渡。这一方面会加大政府财政支出的压力，另一方面在财政支出规模既定的前提下，会对科教支出等非老龄化急需的支出方面产生挤出效应，从而影响财政支出规模和结构。(3)老龄化对财政收入和财政支出两方面的影响，会引发财政收支不平衡。由于老龄化的不可逆性与长期性，容易对政府财政造成压力，形成政府举债压力，进而推动地方政府债务增长。(4)伴随人口老龄化，人口流动对地方政府债务的影响也不容忽视。一方面，伴有老年流动人口不断增加的人口流动有提高流入地人口老龄化的可能，对当地公共服务支出产生压力；另一方面，人口流动本身也会不断加大流入地公共服务供给压力。因此，人口流动对流入地财政支出产生较大影响，容易形成当地政府举债压力，进而推动地方政府债务增长。

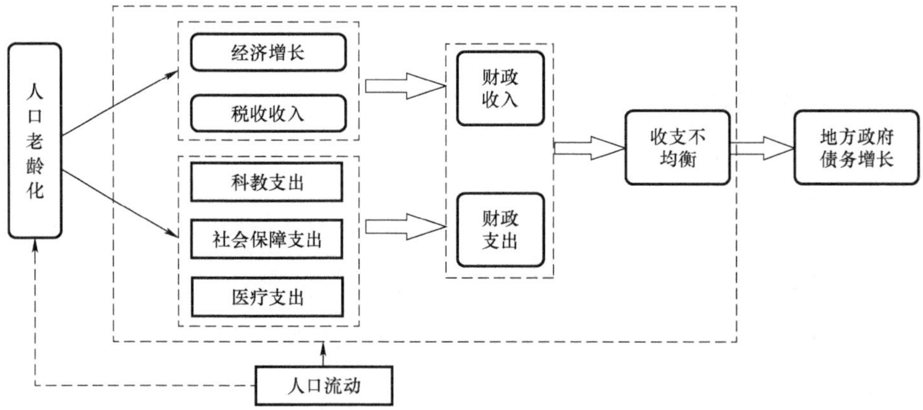

图 6-3　人口老龄化、人口流动对地方政府债务的影响机理

依据上述机理分析，我们得出以下有待实证检验的假说。

假说 1：人口结构变动是影响地方政府债务增长的因素。具体而言，随着人口老龄化的不断加深，老龄化会显著推动地方政府债务增长。人口流入也是推动地方政府债务增长的因素之一。

假说 2：人口流动的差异性，会影响老龄化与地方政府债务之间的关系。在人口流入高的地区，老龄化对地方政府债务的推动作用更加明显。

（三）数据说明与实证方法

1. 数据说明

地方政府债务的数据获取难度较大，我国仍未建立专门针对地方政府债务的官方数据库，国家审计署掌握的地方政府债务审计数据公开的程度也比较有限。本专题借鉴已有文献[30,34,63]的做法，按照显性债务与或有债务的类型，对省级地方政府债务数据进行归类整理和计算，以下是详细说明。在此，一并介绍与后续实证分析相关的其他数据。

1）地方政府债务数据

本专题的地方政府债务数据包括城投债和地方政府发行债券两部分。其中，城投债数据来自徐军伟等[53]的研究，并通过市级城投债合并至省级，形成省级城投债发行额和省级城投债余额。

本专题实证部分所需地方政府债务数据由城投债和地方政府发行债券两部分组成，因此，省级债务发行额（debtfx）定义为地方政府债券发行额与省级城投债发行额之和，省级债务余额（debtye）定义为本年地方政府债券余额与省级城投债余额之和。具体统计方法与专题四一致，实证所需其他数据见表 6-1。

表 6-1 地方政府债务变量等数据含义及统计方法

变量名	含义	统计方法
zwfx	地方政府债券发行额	财政部代理发行地方政府债券收入+地方政府债券收入+地方政府一般债务收入+国债转贷收入
zwhb	地方政府债务还本额	拨付国债转贷收入+政府债券还本支出+地方政府一般债务还本支出+债务付息支出
bnzwe	本年地方政府债券额	本年地方政府债务发行额（zwfx）－本年地方政府债务还本额（zwhb）
netamount	本年地方政府债券余额	本年地方政府债券额（bnzwe）+上年地方政府债券额
sjctzfx	省级城投债发行额	省内各市城投债发行额之和
sjctzye	省级城投债余额	本年城投债余额+上年城投债余额
debtfx	省级债务发行额	地方政府债券发行额（zwfx）+省级城投债发行额（sjctzfx）
debtye	省级债务余额	本年地方政府债券余额（netamout）+省级城投债余额（sjctzye）
debtfxpop	人均债务发行额	省级债务发行额（debtfx）/常住人口（czpop）
debtyepop	人均债务余额	省级债务余额（debtye）/常住人口（czpop）
old	老年抚养比	65 岁及以上人口占 15～64 岁人口的比重
older	老年人口占比	65 岁及以上老年人口占比
rklr	人口流动	[（常住人口－户籍人口）/户籍人口] ×100%
rjgdprank	人均 GDP 排名	实际人均 GDP 排名
urban	城镇化率	城镇人口比重
czzc	财政自主权	[人均省级财政支出/（人均省级财政支出+人均中央财政支出）] ×100%
jcsstzgdp	基础设施投资	（基础设施投资/GDP）×100%
tradegdp	外贸依存度	（进出口额/GDP）×100%
jrzjzgdp	金融业增加值	（金融业增加值/GDP）×100%
gdp1	GDP 增长率	本年 GDP 增长率与上年相比的比率
taxgdp	税收收入	（税收收入/GDP）×100%
kjzc	科教支出	（科技支出/省级财政支出）×100%
lnsbzc	社保支出	社会保障与就业支出取对数
Lnylzc	医疗卫生支出	医疗卫生与计划生育支出取对数

2）其他数据

本专题实证分析中还涉及老年抚养比、老年人口占比、人口流动、人均GDP排名、城镇化率、财政自主权、基础设施投资、外贸依存度等数据，具体见表6-1。在此，要对基础设施投资进行专门说明。借鉴黄春元等[73]的做法，考虑地方政府债务投向，选用三大重点行业固定资产投资额替代固定资产投资总额指标，用“基础设施投资”指标表示，主要包含交通运输、仓储和邮政业，水利、环境和公共设施管理业，房地产业三大行业的固定资产投资额。此外，使用2006年为基期的物价指数将名义数据调整为实际值，表6-2给出了本专题实证分析所用主要变量的统计性描述结果。

表6-2　变量统计性描述

变量名	含义	样本数	平均值	标准差	最小值	最大值
debtfxpop	人均债务发行额	390	12.723	15.460	0.000	94.230
debtyepop	人均债务余额	390	22.483	31.034	-0.333	225.746
old	老年抚养比	390	13.216	2.809	7.440	22.690
older	老年人口占比	390	9.700	1.978	5.473	15.162
rklr	人口流动	390	3.627	18.026	-20.506	68.626
rjgdprank	人均GDP排名	390	15.500	8.667	1.000	30.000
urban	城镇化率	390	54.104	13.636	27.460	89.600
czzc	财政自主权	390	83.431	5.911	66.857	99.795
jcsstzgdp	基础设施投资	390	30.248	12.253	12.740	71.097
tradegdp	外贸依存度	390	30.461	36.604	1.682	172.147
jrzjzgdp	金融业增加值	390	5.645	3.064	1.091	19.628
gdp1	GDP增长率	390	9.044	4.907	-23.220	24.180
taxgdp	税收收入	390	8.052	3.618	3.053	25.334
kjzc	科教支出	390	16.405	2.664	0.160	22.217
lnsbzc	社保支出	390	5.543	0.725	3.163	6.983
lnylzc	医疗卫生支出	390	4.903	0.873	1.947	6.827

3）数据来源

上述地方政府债务数据，主要来源于《中国财政年鉴》、财政部网站和徐军伟等[53]公布的相关信息和数据。实证分析所需其他经济数据，均来自历年《中国财政年鉴》《中国统计年鉴》《中国固定资产投资统计年鉴》。需要说明的是，由于西藏的地方政府债务等数据具有特殊性，本部分在进行实证分析时未将其纳入考虑，因此基准回归的样本时间跨度为2006—2018年，包括中国内地30个省区市。

2. 实证方法

由于老龄化本身带有比较明显的时间效应，其对地方政府债务的影响会被时间固定效应所吸收，因此参考陈小亮等[102]的做法，在构建人口老龄化以及人口流动对地方政府债务影响的实证模型时，没有直接控制时间固定效应。具体模型如下：

$$\text{debtyepop}_{it} = \alpha + \beta \cdot \text{old}_{it} + \psi \cdot \text{rklr}_{it} + \eta \cdot X_{it} + u_i + \varepsilon_{it} \qquad (6-1)$$

其中，i 表示省份，表示年份；debtyepop 表示地方政府债务规模，用人均债务余额表示，在稳健性检验中，被解释变量更换为人均债务发行额（debtfxpop）；old 表示老龄化水平，我们采用老年抚养比（65 岁以上老年人口占 15～64 岁人口的比重）表示，在稳健性检验中用 older（65 岁及以上老年人口占比）进行实证分析；rklr 表示人口流动水平，我们用人口流入率度量，即该省区市常住人口与户籍人口之差占户籍人口的比率。old 和 rklr 两项的系数β和 ψ 是我们关注的重点。如果假说 1 成立，β应显著为正，ψ 应显著为正，即人口老龄化与人口流动的程度越高，对地方政府债务的助推作用越大；如果假说 2 成立，无论在人口流动相对较高还是相对较低的地区，β和 ψ 都应显著为正，且人口流动水平较高的地区老龄化对地方政府债务的推动作用高于人口流动水平相对较低的地区。

X 是一个包含其他控制变量的向量。参考既有文献的做法，该向量包括：（1）经济发展水平，用人均 GDP 的排名表示，记为 rjgdprank。一般地，经济发展水平越高，人均 GDP 排名越靠前，地方政府举债压力会越小。（2）经济开放度，用外贸依存度（进出口总额与 GDP 的比值）进行度量，记为 tradegdp。（3）财政自主权，使用各省区市人均财政支出占全国人均财政支出的比例进行度量（czzc）。（4）基础设施投资，用三大产业基础设施投资占 GDP 的比例进行度量（jcsstzgdp）。（5）城镇化率，用城镇人口比重表示，记为 urban。（6）金融业增加值，用金融业增加值占 GDP 的比重进行度量（jrzjzgdp）。一般来说，一个地区金融业发展水平越高，当地融资平台的信用评价级别越高，地方政府越容易从金融机构获得贷款，地方政府的债务规模越会随之扩大。[43,56,111] 此外，u_i 表示省份固定效应，ε_{it} 表示随机误差项。

（四）老龄化和人口流动对地方政府债务的影响

1. 基准回归

根据式（6－1）以及 Hausman 检验结果，应使用固定效应模型。为了观察老龄化以及人口流动对地方政府债务的影响，将控制变量逐步加入实证过程，基准回归结果见表 6－3。这些结果验证了假说 1。

表 6－3 基准回归结果

	被解释变量：debtyepop							
	（1）	（2）	（3）	（4）	（5）	（6）	（7）	（8）
old	6.893***	7.327***	7.555***	2.599***	2.173***	2.305***	1.751***	1.523**
	（9.46）	（11.72）	（12.43）	（4.60）	（3.61）	（3.74）	（2.89）	（2.43）
rklr		3.245***	3.320***	3.226***	3.145***	3.178***	2.496***	2.364***
		（11.50）	（12.11）	（15.26）	（14.67）	（14.63）	（10.08）	（8.94）
rjgdprank			－2.389***	－1.341***	－1.340***	－1.313***	－1.372***	－1.475***
			（－4.87）	（－3.49）	（－3.50）	（－3.42）	（－3.70）	（－3.91）
urban				3.090***	3.684***	3.477***	3.621***	3.411***
				（15.65）	（10.40）	（8.42）	（9.06）	（8.00）
czzc					－0.741**	－0.756**	－1.070***	－1.106***
					（－2.01）	（－2.05）	（－2.97）	（－3.06）
jcsstzgdp						0.135	0.109	0.0722
						（0.97）	（0.81）	（0.53）
tradegdp							－0.414***	－0.385***
							（－5.19）	（－4.66）
jrzjzgdp								1.232
								（1.40）
常数项	－68.62***	－86.13***	－52.39***	－170.0***	－134.4***	－128.3***	－85.74***	－73.07***
	（－7.07）	（－10.19）	（－4.88）	（－15.21）	（－6.44）	（－5.89）	（－3.80）	（－3.01）
省份固定效应	YES	YES	YES	YES	YES	YES	YES	YES
样本量	390	390	390	390	390	390	390	390
R^2	0.199	0.415	0.452	0.675	0.679	0.680	0.702	0.704
F	89.43	127.1	98.02	184.9	150.0	125.2	119.0	104.6

注：***、**和* 分别表示 1%、5%和 10%的显著性水平，括号内为 t 值。

第一，人口老龄化的系数显著为正，说明不断加深的人口老龄化是地方政府债务不断攀升的原因之一。这个结果与已有文献[102]一致。

第二，人口流动的系数显著为正，说明人口流动助推了地方政府债务的增长。由于本专题人口流动所选用的指标为常住人口与户籍人口之差占户籍人口的比例，即衡量的为人口流入，因此，这一指标为正，实际表明人口流入对流入地的地方政府债务规模产生了显著的正向刺激作用。

第三，从控制变量的结果看，基本符合预期。人均 GDP 排名显著为负，一方面是因为我国存在经济增长的条件收敛现象，[34,112]另一方面 GDP 排名上升表示经济增长得到一定程度的刺激，会缓解政府还债压力，进而降低举债。城镇化水平对地方政府债务有显著的正向促进作用，财政自主权与经济开放度会抑制地方政府债务增长，而基础设施投资和金融业增加值对地方政府债务的影响不显著。

2. 异质性分析

人口流动尤其是人口流入是否会进一步加重老龄化对流入地的政府债务负担呢？为了验证假说 2，我们进一步将样本进行分组实证，对该问题进行解释。

根据人口流动指标（rklr）的均值 3.63，我们将样本分为两组，即人口流入高的省份（rklr＞3.63）和人口流入低的省份（rklr＜3.63），异质性分析的实证结果见表 6－4。结果显示，在人口流入高的地区，老龄化和人口流动的系数均显著为正，系数分别为 4.254 和 3.011，且两个核心解释变量的系数与显著性均高于人口流入低的地区（两个核心解释变量的系数分别为 1.097 和 0.710）。这一结果表明，现阶段人口流入会进一步加重老龄化对人口流入地带来的政府债务负担。

表 6-4　异质性分析

被解释变量	(1)	(2)
	debtyepop rklr＞3.63	debtyepop rklr＜3.63
old	4.254***	1.097*
	(3.17)	(1.73)
rklr	3.011***	0.710*
	(6.23)	(1.81)
rjgdprank	1.528	-1.239***
	(0.60)	(-4.14)
urban	9.919***	2.792***
	(5.48)	(7.08)
czzc	-9.001***	-1.081***
	(-3.76)	(-4.12)
jcsstzgdp	0.611	0.078 5
	(1.17)	(0.75)
tradegdp	0.084 1	0.261*
	(0.48)	(1.68)
jrzjzgdp	4.957**	1.896**
	(2.28)	(2.34)
常数项	-79.48	-33.56*
	(-0.59)	(-1.88)
省份固定效应	YES	YES
样本量	100	290
R^2	0.783	0.744
F	34.76	93.42

注：***、**和* 分别表示 1%、5%和 10%的显著性水平，括号内为 t 值。

3. 稳健性检验

以下通过改变实证方法和变换核心变量的方式，对上述基准回归结果和异质性分析进行稳健性检验。

1）基准回归结果的稳健性检验

为了保证实证结果的稳健性，我们从两个角度考虑。第一，改变实证方法。面板数据可能存在内生性和异方差问题，因此使用系统GMM方法和FGLS法等方法进行稳健性检验，实证结果见表6－5。表6－5中（1）列和（2）列分别是系统GMM方法和FGLS法的实证结果，结果均显示，人口老龄化和人口流动对地方政府债务有显著正向影响。第二，变换核心变量。我们将被解释变量替换为人均债务发行余额（debtfxpop），将人口老龄化指标变换为老年人口占比（older），再进行固定效应实证检验。结果如表6－5中（3）列所示，人口老龄化和人口流动对地方政府债务有显著正向影响。由此可见，本书的基准回归结果是稳健可靠的，改变实证方法和变换核心变量之后，假设1仍然成立。

2）异质性分析的稳健性检验

关于假说2人口流动会提高流入地人口老龄化给地方政府债务带来的负担，稳健性检验采用变换核心变量的方式进行检验。将人口老龄化指标变换为老年人口占比（older）之后，结果如表6－5中（4）列和（5）列所示，相比人口流入小的地区，人口流入大的地区，人口老龄化和人口流动对流入地地方政府债务的正向影响更大。这表明，假说2的实证结果也比较稳健。

其他控制变量的结果与基准回归结果基本一致，此处不再赘述。

表6－5　稳健性检验

被解释变量	（1）	（2）	（3）	（4）	（5）
	debtyepop	debtyepop	debtfxpop	debtyepop rklr＞3.63	debtyepop rklr＜3.63
L.debtyepop	1.041***				
	（13.82）				

续表

被解释变量	(1)	(2)	(3)	(4)	(5)
	debtyepop	debtyepop	debtfxpop	debtyepop rkl r>3.63	debtyepop rklr<3.63
old	1.702*	1.523**			
	(1.86)	(2.56)			
older			1.637***	6.482***	1.996*
			(3.13)	(3.27)	(1.94)
rklr	0.473*	2.364***	0.719***	3.056***	0.712*
	(1.73)	(9.41)	(4.96)	(6.30)	(1.82)
rjgdprank	−3.652***	−1.475***	−0.654***	1.573	−1.235***
	(−4.00)	(−4.12)	(−3.18)	(0.62)	(−4.14)
urban	−2.211***	3.411***	1.580***	9.843***	2.768***
	(−2.82)	(8.42)	(6.89)	(5.45)	(7.17)
czzc	0.612	−1.106***	−0.752***	−9.024***	−1.088***
	(1.28)	(−3.23)	(−3.88)	(−3.80)	(−4.25)
jcsstzgdp	0.640***	0.072 2	0.196***	0.584	0.080 7
	(2.65)	(0.56)	(2.65)	(1.12)	(0.78)
tradegdp	−0.103	−0.385***	−0.198***	0.094 3	0.263*
	(−0.75)	(−4.91)	(−4.40)	(0.54)	(1.70)
jrzjzgdp	0.282	1.232	1.521***	5.016**	1.786**
	(0.18)	(1.47)	(3.15)	(2.32)	(2.19)
常数项	86.41**	−250.9***	−99.10***	−83.65	−36.02**
	(2.13)	(−7.73)	(−5.28)	(−0.63)	(−1.99)
省份固定效应	YES	YES	YES	YES	YES
样本量	360	390	390	100	290
Wald chi^2		1 543.86			
R^2			0.698	0.785	0.745
F				35.09	93.79
AR1	0.080				
AR2	0.684				
Sargan 值	0.234				
Hansen 值	0.984				

注：***、**和* 分别表示 1%、5%和 10%的显著性水平，括号内为 t 值。

（五）拓展分析——人口老龄化影响地方政府债务的机制探析

1. 理论机制探析

上述实证分析验证了前面两个假说，即人口老龄化与人口流动是推动地方政府债务增长的因素，且人口流动大的地区人口老龄化对地方政府债务的推动作用更大。由上述理论分析可知，人口老龄化对经济增长和税收收入会产生影响，但尚不能确定影响方向；人口老龄化必然会加大财政支出，改变财政支出结构。从财力均衡角度而言，人口老龄化是从收支两方面同向影响还是反向影响财力均衡，抑或仅从财政支出方面影响财力均衡，进而推动地方政府债务增长，还有待进一步探究。本部分主要对该机制进行探析。

从图 6－3 可以看出，人口老龄化会通过经济增长、税收收入等因素对财政收入产生影响，同时也会从民生支出（尤其是民生支出中的科教支出、社会保障支出以及医疗支出）等方面影响财政支出。收支两方面因素的影响会带来财力均衡的变化，进而对地方政府债务产生影响。综合考虑人口流动因素以后，人口老龄化对地方政府债务的影响机制可分为以下几个方面。

1）经济增长效应

整体而言，经济发展水平较高的地区，政府财政收入较高，民间资本更为活跃，债务使用效率也更高，因此举债需求较小，从而抑制债务增长。与此同时，老龄化可能会通过储蓄率、人力资本积累或者劳动生产率、社会保障负担等渠道对经济增长产生正向、负向或者中和的影响。因此，有必要探究经济增长是否会成为老龄化影响地方政府债务增长的机制之一。

2）税收收入效应

人口老龄化逐步加大，一方面意味着劳动力人数不断减少，从而缩小个人所得税税基，减少税收收入；另一方面意味着居民消费水平与结构会随之改变，老年人会加大医疗护理服务、保健服务等高层次服务以及高品质的消费品等方面的消费，进而扩大增值税、消费税等间接税的税基，提高税收收入。综合来看，人口老龄化对税收收入的影响并不确定。政府税收收入的提高，会提高政府财力，降低政府举债需求，从而抑制债务增长。反之亦反。因此，有必要探究税收收入是否会成为老龄化影响地方政府债务增长的机制之一。

3）科教支出效应

老龄化会加重家庭的养老负担，对家庭教育投资产生挤出效应。同时，伴随老龄化程度的不断加深，社会养老负担加重，在财政收入既定的前提下，财政支出会挤压科研与教育方面的支出。根据 2011 年和 2013 年全国政府性债务审计结果显示，2010 年底与 2013 年 6 月底，政府负有偿还责任的债务在科教文卫方面的债务额分别为 4 347.67 亿元和 4 878.88 亿元，分别占政府负有偿还责任债务的 7.43%和 11.59%。科教支出是地方政府债务的投向之一，老龄化对科教支出的挤出效应，是否会成为老龄化影响地方政府债务增长的机制之一，也值得进一步探究。

4）社会保障支出效应

我国已基本建成功能完备的社会保障体系，并以社会保险为主体，包括社会救助、社会福利、社会优抚等制度。到 2020 年底，我国基本医疗保险覆盖 13.6 亿人，基本养老保险覆盖近 10 亿人，是世界上规模最大的社会保障体系。老年人口不仅是养老金和医疗保险等主要社会保险的享受主体，其老龄化程度的不断加深也改变了社会养老保障的收支比例，政府社会养老保险金支付压力和融资负担也随之加重。由此，社会保障是否会成为老龄化影响地方政府债务的机制之一，也亟待厘清。

5）医疗支出效应

医疗卫生服务和养老服务是老年群体最大的两类需求，老年人是医疗卫生服务的主要利用者。伴随人口老龄化的程度不断加深，老年人口中失能与半失能人口不断增加、慢性病患病率不断攀升、老年人口护理需求等不断提升，这些无疑为医疗卫生服务体系带来长期性的较大压力。医疗卫生服务是我国一般公共服务支出的重要组成部分，老龄化带来的医疗卫生服务压力势必导致财政压力。因此，医疗卫生是否会成为老龄化影响地方政府债务的机制之一，也值得探究。

2. 机制识别——中介效应检验

根据上述理论分析，人口老龄化可能通过上述 5 个方面的机制对地方政府债务产生影响。为了识别机制作用，本书借鉴 Hayes[113]、温忠麟等[114]的中介效应检验方法，在基准回归模型式（6－1）的基础上，进一步构建以下模型进行检验：

$$M_{it}=\lambda+\beta_2\cdot \mathrm{old}_{it}+\psi_2\cdot \mathrm{rklr}_{it}+\kappa\cdot X_{it}+u_i+\varepsilon_{it} \quad (6-2)$$

$$\mathrm{debtyepop}_{it}=\theta+\beta_3\cdot \mathrm{old}_{it}+\psi_3\cdot \mathrm{rklr}_{it}+\delta\cdot M_{it}+\rho\cdot X_{it}+u_i+\varepsilon_{it} \quad (6-3)$$

其中，M_{it}为中介变量，X_{it}为控制变量，其他变量与基准回归一致。实证检验过程中，我们对所有变量进行了去中心化处理（以“c_”表示去中心化后的相应变量名称）。根据中介效应检验方法，我们主要关注老龄化系数变化

情况以及中介变量 M_{it}。这里选取的中介变量包括：（1）经济增长（gdp1）。相对经济增长速度可以衡量经济发展水平，即用 GDP 增长率与上年 GDP 增长率相比的比率表示。（2）税收收入（taxgdp）。用各省区市税收收入占 GDP 之比来表示。（3）科教支出（kjzc）。用各省区市一般公共预算支出中“教育支出”占财政支出的比率来表示。（4）社会保障支出（lnsbzc）。用各省区市一般公共预算支出中“社会保障和就业支出”的对数衡量。（5）医疗支出（lnylzc）。用各省区市一般公共预算支出中“医疗卫生与计划生育支出”的对数衡量。

根据中介效应检验流程，利用 Sobel 检验方法，依次检验系数 c、a、b 和 c'的显著性。以中介变量为经济增长 gdp1 为例进行相关系数说明，其他中介变量与此相似。系数 c 表示不考虑中介变量时老龄化对地方政府债务的影响，系数 a 表示老龄化对中介变量 gdp1 的影响，系数 b 表示中介变量 gdp1 对地方政府债务的影响，系数 c'表示控制中介变量后，老龄化对地方政府债务的影响。因此，c 为总效应，c'为直接效应，a、b 为中介效应。具体结果见表 6－6 和表 6－7。

表 6－6　中介机制效应分析 1：系数 c 并检验系数 a

被解释变量	系数 c	（1）	（2）	（3）	（4）	（5）
	c_debtyepop	c_gdp1	c_taxgdp	c_kjzc	c_lnsbzc	c_lnylzc
c_old	1.994***	－0.019 1	0.014 8	－0.183***	0.095 7***	0.076 4***
	（3.930）	（－0.190）	（0.330）	（－3.260）	（6.850）	（4.480）
c_rklr	0.644***	0.076 5**	0.057 0***	－0.063 6***	－0.014 2***	－0.030 0***
	（3.910）	（2.300）	（3.900）	（－3.490）	（－3.120）	（－5.410）
c_rjgdprank	－0.394*	－0.173***	0.063 5***	－0.019 1	0.010 7	0.007 73
	（－1.610）	（－3.500）	（2.930）	（－0.710）	（1.580）	（0.940）
c_urban	1.325***	－0.263***	－0.043 2	0.005 66	0.019 5**	0.010 1
	（4.200）	（－4.130）	（－1.580）	（0.160）	（2.250）	（0.950）

续表

被解释变量	系数 c	（1）	（2）	（3）	（4）	（5）
	c_debtyepop	c_gdp1	c_taxgdp	c_kjzc	c_lnsbzc	c_lnylzc
c_czzc	−0.415	0.017 0	0.167***	−0.235***	0.010 2	0.018 1
	（−1.200）	（0.240）	（5.450）	（−6.160）	（1.070）	（1.560）
c_jcsstzgdp	0.408***	0.046 1*	0.053 2***	0.027 9*	−0.004 66	0.001 53
	（3.030）	（1.700）	（4.450）	（1.870）	（−1.260）	（0.340）
c_tradegdp	−0.574***	0.045 2***	0.019 9***	0.025 9***	−0.002 08	0.003 69**
	（−10.13）	（3.960）	（3.970）	（4.140）	（−1.330）	（1.940）
c_jrzjzgdp	2.257***	−0.570***	0.526***	0.158*	0.040 2*	0.116***
	（2.900）	（−3.640）	（7.630）	（1.830）	（1.870）	（4.450）
常数项	−8.433***	−0.837	0.719**	0.384	0.279***	0.382***
	（−2.680）	（−1.320）	（2.580）	（1.10）	（3.220）	（3.610）
省份固定效应	YES	YES	YES	YES	YES	YES
样本量	390	390	390	390	390	390
R^2	0.549	0.252	0.740	0.251	0.371	0.355
F	51.34	14.18	119.84	14.16	24.90	23.20

注：***、**和* 分别表示 1%、5%和 10%的显著性水平，括号内为 t 值。

表 6－7　中介机制效应分析 2：检验系数 b 和 c'

被解释变量	（1）	（2）	（3）	（4）	（5）
	c_debtyepop	c_debtyepop	c_debtyepop	c_debtyepop	c_debtyepop
c_old	1.981***	2.023***	2.328***	1.670***	1.550***
	（3.930）	（4.050）	（4.620）	（3.120）	（3.030）
c_rklr	0.694***	0.759***	0.761***	0.692***	0.818***
	（4.210）	（4.580）	（4.630）	（4.160）	（4.870）
c_rjgdprank	−0.505**	−0.266	−0.359	−0.430*	−0.439*
	（−2.050）	（−1.090）	（−1.490）	（−1.760）	（−1.820）
c_urban	1.155***	1.236***	1.314***	1.259***	1.266***
	（3.610）	（3.970）	（4.250）	（3.980）	（4.090）

续表

被解释变量	（1）	（2）	（3）	（4）	（5）
	c_debtyepop	c_debtyepop	c_debtyepop	c_debtyepop	c_debtyepop
c_czzc	-0.404	-0.0797	0.0158	-0.449	-0.520
	（-1.180）	（-0.230）	（0.0400）	（-1.300）	（-1.530）
c_jcsstzgdp	0.438***	0.515***	0.357***	0.424***	0.399***
	（3.260）	（3.780）	（2.690）	（3.150）	（3.020）
c_tradegdp	-0.545***	-0.534***	-0.621***	-0.567***	-0.595**
	（-9.490）	（-9.370）	（-10.94）	（-10.010）	（-10.650）
c_jrzjzgdp	1.888**	3.314***	1.968**	2.121***	1.581**
	（2.400）	（4.030）	（2.570）	（2.720）	（2.020）
c_gdp1	-0.647**				
	（-2.560）				
c_taxgdp		-2.011***			
		（-3.520）			
c_kjzc			1.832***		
			（4.030）		
c_lnsbzc				3.377*	
				（1.820）	
c_lnylzc					5.807***
					（3.880）
常数项	-8.975***	-6.988**	-9.137***	-9.377***	-10.65***
	（-2.870）	（-2.230）	（-2.960）	（-2.950）	（-3.390）
省份固定效应	YES	YES	YES	YES	YES
样本量	390	390	390	390	390
R^2	0.556	0.563	0.567	0.553	0.566
F	47.54	48.84	49.68	46.82	49.42

注：***、**和* 分别表示 1%、5%和 10%的显著性水平，括号内为 t 值。

汇总表 6－6 和表 6－7，结合中介效应流程、判断标准和 Bootstrap 检验，绘制表 6－8。结合表 6－8，老龄化对地方政府债务的影响机制有以下几点需要说明。第一，经济增长机制视角。从 Sobel 检验结果看，经济增长（gdp1）对地方政府债务有显著的抑制作用（系数 b 为－0.647），但老龄化对经济增长的影响不显著（系数 a 为－0.019 1），从而导致老龄化通过抑制经济增长来影响地方政府债务的机制作用并不显著。关于老龄化对经济增长的作用如何，学界并没有形成共识，Bootstrap 的结果再次印证了这一点，中介效应为 0.012，但其 p 值以及置信区间都表明中介效应并不显著，老龄化并不能通过经济增长对地方政府债务增长产生影响。主要原因可能是，中国人口老龄化的创新效应大于劳动力效应，老龄化对经济增长的阻碍作用并未显现。[115]第二，税收收入机制视角。从 Sobel 检验结果看，税收收入（taxgdp）对地方政府债务有显著的抑制作用（系数 b 为－2.011），但老龄化对税收收入的影响不显著（系数 a 为 0.014 8），从而导致老龄化通过税收收入来影响地方政府债务的机制作用并不成立。Bootstrap 的结果也印证了这一点，中介效应为－0.030，但其 p 值以及置信区间都表明中介效应并不存在，老龄化并不能通过对税收收入产生影响进而来影响地方政府债务增长。第三，科教支出机制视角。从 Sobel 检验结果看，科教支出（kjzc）对地方政府债务有显著的正向作用（系数 b 为 1.832）。根据 2013 年全国政府性债务审计结果显示，2013 年 6 月底，政府负有偿还责任的债务在科教文卫方面为 4 878.88 亿元，占政府负有偿还责任债务的 11.59%。由此可见，科教支出的增加会推动地方政府债务增长。而实证结果表明，人口老龄化对科教支出有显著的挤出效应（系数 a 为－0.183），从而呈现人口老龄化通过科教支出来抑制地方政府债务的机制作用。Bootstrap 的结果印证了这一点，科教支出的中介效应为－0.335，其 p 值以及置信区间都表明中介效应显著，即人口老龄化通过科教支出对地方政府债务增长产生抑制影响。第四，社会保障支出机制视角。从 Sobel 检验结果看，社会保障支出(lnsbzc)对地方政府债务有显著的正向作用(系数 b 为 3.377)。2013 年 6 月底，政府负有偿还责任的债务在保障性住房方面投入 6 851.71 亿元，占政府负有偿还责任债务的 6.77%。由此可见，社会保障支出的增加会推动地方政府债务增长。而实证结果表明，老龄化对社会保障支出有显著的刺激作用（系数 a 为 0.095 7)，从而呈现老龄化通过社会保障支出来推动地方政府债务增长的机制作用。Bootstrap 的结果印证了这一点，社会保障支出的中介效应为 0.323，其 p 值以及置信区间都表明中介效应显著，即人口老龄化通过社会保障支出对地方政府债务增长产生推动影响。第五，医疗支出机制视角。从 Sobel 检验结果看，医疗支出（lnylzc）对地方政府债务有显著的正向作用（系数 b 为 5.807)。实证结果表明，老龄化对医疗支出有显著的刺激作用（系数 a 为 0.076 4)，从而呈现老龄化通过增加医疗支出来推动地方政府债务增长的机制作用。Bootstrap 的结果印证了这一点，医疗支出的中介效应为 0.444，其 p 值以及置信区间都表明中介效应显著，即人口老龄化通过医疗支出对地方政府债务增长产生推动影响。

表 6-8　人口老龄化与人口流动对地方政府债务影响的机制分析（中介效应分析）

	中介变量（1）	中介变量（2）	中介变量（3）	中介变量（4）	中介变量（5）
	gdp1	taxgdp	kjzc	lnsbzc	lnylzc
系数 c	1.994***	1.994***	1.994***	1.994***	1.994***
系数 a	−0.019 1	0.014 8	−0.183***	0.095 7***	0.076 4***
系数 b	−0.647***	−2.011***	1.832***	3.377*	5.807***
系数 c'	1.981***	2.012 3***	2.328***	1.670***	1.550***
是否通过 Bootstrap 检验	否	否	是	是	是
中介效应	0.012	−0.030	−0.335	0.323	0.444
中介效应占比	0.602%	−1.505%	−16.800%	16.199%	22.267%

续表

	中介变量（1）	中介变量（2）	中介变量（3）	中介变量（4）	中介变量（5）
	gdp1	taxgdp	kjzc	lnsbzc	lnylzc
p 值	0.845	0.804	0.049	0.026	0.005
置信区间	（−0.130，0.129）	（−0.294，0.212）	（−0.703，−0.030）	（0.073，0.609）	（0.168，0.804）
直接效应	1.981	2.023	2.328	1.670	1.550
p 值	0.001	0.000	0.000	0.004	0.005
置信区间	（0.880，3.385）	（1.149，3.300）	（1.229，3.570）	（0.583，2.753）	（0.503，2.601）

（六）结论与政策建议

1. 结论

本专题以人口结构变动为切入点，利用 2006—2018 年中国内地 30 个省区市的面板数据，实证分析老龄化对地方政府债务的影响及其作用机制。主要研究结论如下。

（1）人口结构变动是推动我国地方政府债务增长的原因之一。实证结果表明，人口老龄化与人口流动对地方政府债务增长的影响显著为正，而且人口流入越多的地区，老龄化与人口流动越会加重人口流入地的地方政府债务负担。

（2）在改变实证方法、变换被解释变量和核心解释变量的衡量指标以及消除内生性之后，老龄化与人口流动对地方政府债务的正向影响及异质性结论依然显著。

（3）面板中介效应检验结果显示，人口老龄化对地方政府债务的作用机制比较复杂。当前人口老龄化还没实现通过影响财政收入进而推动地方政府债务增长，人口老龄化主要是通过影响财政支出实现对地方政府债务的推动作用。而财政支出的影响路径中，人口老龄化对地方政府债务的影响机制存在区别。实证发现，人口老龄化主要是通过挤出科教支出进而抑制地方政府债务增长（中介效应占比为 – 16.800%）。同时，人口老龄化会通过加大社会保障支出（中介效应占比为 16.199%）以及要求提高医疗支出（中介效应占比为 22.267%）等财政负担进而推动地方政府债务增长。

2. 政策建议

本专题的发现提供了以下政策启示。

（1）制定地方政府债务管理制度时，要充分考虑人口结构变动因素。由文献综述以及地方政府债务管理制度可知，人口结构变化并未成为地方政府债务研究以及地方政府债务管理的重点。中国人口老龄化呈现出的规模大、发展快速以及未富先老的特征，叠加人口流动带来的公共服务供给压力等问题，对地方政府债务产生的推动作用不容忽视。因此，在构建和完善地方政府债务管理体系以及风险防范的指标体系时，要考虑人口老龄化与人口流入指标，以便更全面、科学地管理地方政府债务。

（2）利用好人口老龄化的时间窗口期，大力发展银发经济。由机制分析部分可知，当前阶段的人口老龄化对经济增长以及税收收入的影响并未呈现明显的负向作用，即并未从财政收入端形成对地方政府债务的推动路径。中国老龄化程度虽然会不断加深，但老年人口的年龄结构仍会在未来保持相对年轻。中国在2035年之前，年轻老年人（60～69岁）比重将保持在全部老年人口的一半以上。2035年之后，老年人口将以高龄老年人（70岁及以上）为主。因此，在今后一段时间里，中国仍将处于一个短暂的时间窗口期。[116]《中共中央关于制定国民经济和社会发展第十四个五年规划和二〇三五年远景目标的建议》指出，要实施积极应对人口老龄化国家战略，积极开发老龄人力资源，发展银发经济。在老龄化对经济增长产生负向影响之前，积极合理调整产业、消费结构，使老龄化能够充分发挥对经济的正向刺激作用。

（3）积极应对老龄化对财政支出的影响。由机制分析部分可知，人口老龄化对地方政府债务的影响主要体现在财政支出端，尤其是社会保障支出和医疗支出等老年人口急需的公共服务供给方面需求会更大。未来 20 年，是我国老龄化速度最快的时期，意味着失能半失能老人的长期照护需求及费用都会迅速增长。[117]由此，要接受老龄化对财政支出进而对地方政府债务的推动影响，老龄化对社会保障支出和医疗支出等公共服务支出有非常重要的刺激作用，同时对科教支出等方面也存在挤出效应。因此，在确定地方政府债务投向、考核地方政府债务支出效率时，需要充分考虑人口结构的变化与特征，并根据相关路径进行调整。此外，需要在公共服务供给方向快速向适应老龄化社会转变，在调整财政支出结构的同时，更要注重提升财政支出效率。

七、专题六：地方政府债务支出效率

围绕地方政府债务与经济增长之间关系的主题，我们探析各地区之间在经济社会发展、地方政府债务等方面存在的地区差异，在此基础上，对地方政府债务如何影响经济增长展开了分析，得出地方政府债务对经济增长会产生先扬后抑的倒 U 形影响。为进一步得出地方政府债务对经济增长产生促进作用的最优规模，我们对地方政府债务空间溢出效应进行了探析，得出了促使地方政府债务规模不断扩展的空间溢出层面的结论。在此基础上，本专题对地方政府债务支出效率进行了研究，为研究地方政府债务规模变动规律进行了有益尝试。

如何获得或保持地方政府债务最优规模，是我们进行地方政府债务管理以及研究的核心主题。但影响地方政府债务规模的因素众多，机制探析还有待进一步研究。那么，如何在现有地方政府债务规模不变的情况下，提升地方政府债务对经济增长的正向影响，是本专题要探析的问题，即在既有条件下，提高地方政府债务支出效率，以保证最大限度发挥地方政府债务的正向作用。

在财政分权、经济下行压力增大和扩张性财政政策的实施等背景下，我国地方政府债务规模不断膨胀，截至 2021 年 3 月全国地方政府债务余额为 26.21 万亿元。[①]地方政府债务规模的膨胀和隐性债务的存在给财政安全和金

① 中华人民共和国财政部. 2021 年 3 月地方政府债券发行和债务余额情况［EB/OL］.（2021－04－20）［2021－04－20］. http://yss.mof.gov.cn/zhuantilanmu/dfzgl/sjtj/202104/t202010420_3688898.htm.

融安全带来较大威胁，债务管理不规范、偿债风险加剧等问题引发社会各界持续关注。

2021年作为“十四五”的开局之年，我国政府提出要继续保持宏观政策连续性、稳定性、可持续性，从注重政策的数量转向注重政策的实施效果，不仅提出要让积极的财政政策提质增效，更指出要扩大有效投资，优化债券资金使用等关键问题。地方政府债务是我国财政政策的重要组成部分，债务资金的高效使用在促进地区经济发展、改善民生、扩大内需中发挥了不可或缺的作用。“十四五”时期，应继续支持区域协调发展、“两新一重”等重大工程的建设，继续促进交通、能源等市政建设、农林水利项目的发展，地方政府债务还会继续发挥作用。但不容忽视的事实是，随着经济发展形势的不断变化，规模越来越大的地方政府债务，在促进经济发展的同时，也大大加深了地方政府的还债压力，并成为引发财政风险的可能因素。因此，研究债务支出效率对地方政府债务的提质增效以及防范化解债务风险具有重要的现实意义和理论意义。鉴于此，本专题从地方政府债务支出效率出发，采用PCA－DEA 方法和 Malmquist 指数测算现阶段我国地方政府债务支出效率，总结其年度变化特征，探析其背后可能的原因，并依据测算结果提出可行的政策建议。

本专题余下内容安排如下：第一部分分析地方政府债务典型事实，并进行相关文献评述；第二部分说明相关数据，介绍实证方法；第三部分构建地方政府债务支出效率的指标体系；第四部分进行实证分析；第五部分为本专题的结论与政策建议。

（一）典型事实和文献评述

1. 典型事实

依据 2011 年、2013 年国家审计署发布的地方政府性审计报告，以及财政部历年发布的地方政府债务数据，对我国 2006—2020 年地方政府债务余额进行基本梳理，变动情况如图 7－1 所示。我国地方政府债务呈现出以下特征。

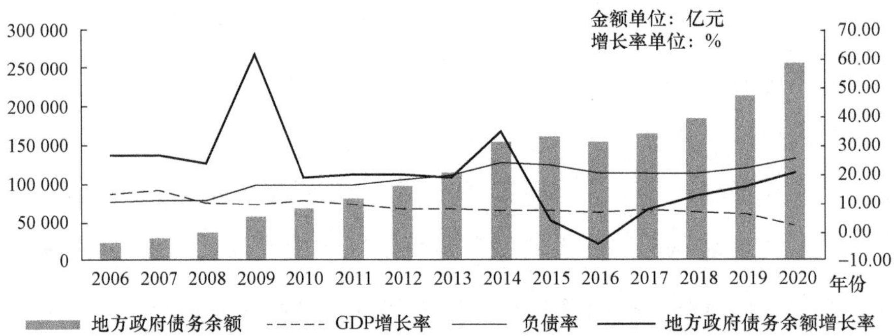

图 7－1　2006—2020 年地方政府债务余额变动情况

（1）债务规模不断扩张，膨胀速度快。

2006 年以来，我国地方政府债务规模扩张的幅度较大、速度较快。2006 年我国地方政府债务余额约为 22 400 亿元，截至 2020 年底，我国地方政府债务余额约为 256 600 亿元，是 2006 年债务规模的 11.46 倍，年均增长率近 20%。

（2）债务规模的变化受相关政策的影响较大。

由图 7－1 可以看出，2006 年以来地方政府债务的较大波动均与当年实施的宏观政策有密切关系。2008 年为应对金融危机，我国中央代地方政府发行债券，导致 2009 年地方政府债务余额的增长率为 61.9%，是历年来地方政府债务增长率最高的年份。此后，地方政府债务余额增长率基本保持在 20%左右。2015 年随着我国《预算法》的出台以及地方政府债务发行限额等规定，2015 年和 2016 年地方政府债务增速明显下降，分别为 3.9%和 –4.3%。至 2020 年，地方政府债务增速有所上升，但均未超过 2015 年之前的水平。2020 年为应对疫情对经济的冲击，我国提出适度提高赤字率，发行 20 000 亿元特别抗疫国债，地方政府债务规模出现大幅度增长。2020 年地方政府债券发行额为 64 438.13 亿元，与 2019 年相比增长了 47.7%，债务余额增长了 20.4%。

（3）地方政府债务余额增长率高于同期 GDP 增长率，债务支出效率有待提高。

由图 7 – 1 可知，2006—2020 年，我国地方政府债务余额增长率均高于同期 GDP 增长率。地方政府债务是把“双刃剑”，一方面快速增长的地方政府债务可以弥补地方财政缺口，为经济增长助力；另一方面规模过于庞大的地方政府债务会给地方带来还债压力，引发财政风险。如图 7 – 1 所示，我国地方政府的负债率（负债率=地方政府债务余额/GDP）自 2008 年之后也高于 GDP 增长率，显示地方政府具有一定的还债压力。在当前经济发展形势下，缓解地方政府还债压力，需要适度控制地方政府债务规模，而提高债务支出效率则更为迫切。有效提高地方政府债务支出效率，可以将“双刃剑”的利好作用发挥得更加充分，同时也可以有效防范化解地方政府债务风险。

2. 文献评述

地方政府举债是否合理以及债务规模是否最优主要取决于债务资金的使用能否带来经济效益。同时，地方政府债务支出效率与地方政府债务风险也存在较大关联。债务风险不仅取决于债务规模，还受地方政府偿还能力影响，而偿还能力的大小又取决于政府债务资金的支出效率。[118-119]为了验证两者之间的关系，国内学者利用多种实证方法，测算30个省区市地方政府债务风险系数和支出效率的关系，研究结果显示，债务支出效率与风险相关性较强，债务支出效率的提高能有效控制债务风险。[120-122]

可以看出，为了科学管理地方政府债务，提高地方政府债务管理绩效，关键问题之一就是要研究地方政府债务支出是否有效率以及如何提高效率。在地方政府债务支出效率的测算上，国内外学者进行了有益尝试，采用DEA方法以及DEA的改进方法对各国地方政府债务支出效率进行测算。国内部分学者围绕DEA方法，用改进的DEA－BCC模型、三阶段DEA模型、超效率SBM模型等方法，测算我国30个省区市地方政府债务支出效率，并从综合技术效率、纯技术效率和规模效率的角度进行深入分析。[123-126]也有部分学者使用层次分析法、因子层次法和模糊综合评价法，构建地方政府债务绩效考核指标与模型，测算各省区市的地方政府债务支出绩效。[127-129]这些研究静态分析我国地方政府债务支出效率，并得出我国地方政府债务支出效率有待提高的结论。此外，除了对债务支出效率进行静态测算，国内学者主要利用Malmquist 指数对地方政府债务支出效率进行动态测算。郭月梅等[123]在三阶段DEA模型的基础上，使用Malmquist指数对2011—2013年地方政府债务支出效率进行测算，认为债务支出全要素生产率下降主要是由技术变化引起的；姜爱华等[125]使用Malmquist指数测算2014—2017年我国省级地方政府债务支出效率的动态效率，发现我国地方政府债务效率动态提升潜力较大，地方政府债务管理技术进步程度较高，相对而言，纯技术效率、规模效率改进程度有较大的提升空间。

综上可知，近年来国内关于地方政府债务支出效率的研究逐步丰富，研究方法主要以DEA方法为主，对债务支出效率进行静态分析，认为我国地方政府债务支出效率总体较低，且存在明显的区域差距。现有研究为我国地方政府债务效率的研究奠定了基础，但仍存在以下不足。第一，在利用DEA及相关改进模型选择产出指标及效率测算时忽略了重叠信息的影响。直接将原始数据带入模型进行效率测算，得出的结果准确性有待提高。第二，现有研究多为静态分析，探析与追踪地方政府债务效率动态变化的研究有待丰富。第三，现有研究的研究时间跨度较短，在进行动态分析地方政府债务支出效率的变化时，不足以全面反映我国地方政府债务支出效率的变化特征。本专题试图使用主成分分析法对原始数据进行降维，将处理好的数据代入BCC模型进行静态效率测算和分析，再利用Malmquist指数对我国30个省区市2006—2018年的地方政府债务支出效率进行动态效率测算，以期提高地方政府债务支出效率测算结果的准确性与科学性。

（二）数据说明和研究方法

为了消除指标选取时的重叠信息，先要对原始数据进行降维处理，即利用主成分分析法将原始数据转化为主成分指标。在进行静态分析时，使用BCC模型测算。之后，利用Malmquist指数对地方政府债务支出效率进行动态效果分析。以下分别对主要研究方法进行介绍。

1. 主成分分析法

在对地方政府债务支出效率进行分析时，由于具有代表性的产出指标数量较多，且存在一定相关性，需要通过对产出指标进行主成分分析，提取综合指标，降低主观性，提高效率测算的准确性。

2. BCC 模型

目前，效率评价方法主要有随机前沿分析（SFA）和数据包络分析（DEA）。与 SFA 模型相比，DEA 模型是直接输入、输出指标建立的非参数经济数学模型，具有无须考虑函数表达式和参数的分布形式等优点，测算结果客观性较强，被广泛应用于各方面的效率测算。

传统的 DEA 模型包括 CCR 模型和 BCC 模型两种。其中 CCR 模型基于规模报酬不变，主要用于测度技术效率，而 BCC 模型则是基于规模报酬可变，既可以求解技术效率，同时也为规模效率的测算提供了方法。假设地方政府债务规模报酬可变，结合投入与产出指标的特点，选用投入导向型的 BCC 模型。

对于任一 DMU，投入导向下对偶形式的 BCC 模型可表示为：

$$\min \theta - \varepsilon(\hat{\boldsymbol{e}}^T s^- + \boldsymbol{e}^T s^+) \tag{7-1}$$

$$\text{s.t.} \quad \sum_{j=1}^{n} x_j \lambda_j + s^- = \theta x_0$$

$$\sum_{j=1}^{n} y_j \lambda_j + s^+ = y_0$$

$$\lambda_j \geqslant 0, s^-, s^+ \geqslant 0$$

其中，j=1，2，…，n 表示决策单元，$\boldsymbol{x}$，$\boldsymbol{y}$ 分别是投入、产出向量，λ 为权重标量，θ 为 DMU 的综合评价值，ε 为阿基米德无穷小量，s^-, s^+ 为松弛变量。

若θ=1，$s^-=s^+$=0，则该省份实现了地方政府债务支出的DEA有效；

若θ=1，$s^+\neq 0$或$s^-\neq 0$，则该省份实现了地方政府债务支出的 DEA 有效；

若θ<1，则该省份地方政府债务支出为DEA无效。

BCC 模型计算出来的效率值为综合技术效率，可进一步分解为规模效率和纯技术效率，且综合技术效率等于规模效率与纯技术效率的乘积。

3. Malmquist 指数

Malmquist 指数通常用于研究不同时期决策单元的效率演化，通过本期到下期生产率的变化来测算 Malmquist 全要素生产率指数，因此，可以用来度量地方政府债务支出效率的动态变化。

这一指数可被分解为技术效率变动和效率前沿面的移动，即 Malmquist 指数=纯技术效率指数×规模效率指数×技术进步指数。

在 t 期技术条件下，从 t 期到 t+1 期技术效率变化值为：$M_t=\dfrac{D_t(x_{t+1},y_{t+1})}{D_{t+1}(x_t,y_t)}$；在 t+1 期技术条件下，从 t 期到 t+1 期技术效率的变化值则为：$M_{t+1}=\dfrac{D_t(x_{t+1},y_{t+1})}{D_{t+1}(x_t,y_t)}$。

其中 $D_t(x_t,y_t)$，$D_{t+1}(x_{t+1},y_{t+1})$ 分别代表第 t 期和第 t+1 期的产出距离函数，从 t 期到 t+1 期生产率的变化则可以通过计算以上两个 Malmquist 生产率指数的平均值得到：

$$M(x_t,y_t,x_{t+1},y_{t+1})=(M_t\times M_{t+1})^{\frac{1}{2}}=\left[\frac{D_t(x_{t+1},y_{t+1})}{D_t(x_t,y_t)}\times\frac{D_{t+1}(x_{t+1},y_{t+1})}{D_{t+1}(x_t,y_t)}\right]^{\frac{1}{2}} \quad (7-2)$$

当 $M>1$ 时，指数上升，代表地方政府债务支出效率提高；

当 $M=1$ 时，指数不变，代表地方政府债务支出效率不变；

当 $M<1$ 时，指数下降，代表地方政府债务支出效率下降。

（三）地方政府债务支出效率指标体系构建

1. 指标体系构建

1）投入指标

本专题选取实际地方政府债务余额这一存量指标作为投入变量（X）。地方政府债务余额数据包括城投债余额和地方政府发行债券余额两部分。其中，城投债数据来自徐军伟等[53]的研究，并通过市级城投债合并至省级，形成省级城投债余额。地方政府发行债券比较复杂，由于时间跨度为2006—2018年，我们在处理地方政府发行债券的数据方面，将地方政府债券发行额定义为国债转贷收入、财政部代理发行地方政府债券收入、地方政府债券收入和地方政府一般债务收入之和；将地方政府债务还本额定义为拨付国债转贷收入、政府债券还本支出、地方政府一般债务还本支出、债务付息支出之和。本年地方政府债券额定义为本年地方政府债券发行额减去本年地方政府债务还本额。本年地方政府债券余额定义为本年地方政府债券额与上年地方政府债券额之和。

本专题实证部分所需地方政府债务数据由城投债和地方政府发行债券两部分组成，省级债务余额定义为本年地方政府债券余额与省级城投债余额之和。

2）产出指标

2013 年审计署的审计结果表明，我国地方政府债务主要投向市政建设、农林水利等基础设施和科教文卫、民生改善等公益类项目。借鉴金荣学等[126]的做法，结合地方政府债务投向，在产出指标中加入运输线路网长度、邮电业务总量、基本社会保障覆盖率和财政分权度等指标。具体而言，本专题构建的地方政府债务支出效率产出评价指标（Y）包括基础设施类和社会公益类两大产出指标。其中，基础设施类指标包括城镇化率、人均公园绿地面积、城市照明灯盏数、城市排水管道长度、建成区面积、绿化覆盖率、日均污水处理能力、每万人拥有公厕数、供水综合生产能力、道路长度、运输线路网长度和邮电业务量等 12 个指标；社会公益类指标包括高校在校生数、每千人拥有职业医生数、实际城镇居民人均可支配收入、实际农村居民人均可支配收入、城镇单位就业人数、基本社会保障覆盖率、实际人均 GDP、财政收入分权度以及财政支出分权度等 9 个指标。

上述产出指标中，大多数指标均可以从相应统计资料直接获得，部分指标需要进一步说明：城镇化率用城镇人口占常住人口的比重表示；依据《全面建设小康社会统计监测方案》，基本社会保障覆盖率=（基本养老保险人数/地区人口）×50%+（基本医疗保险人数/地区人口）×50%；财政收入分权度用地方财政收入占全国财政收入的比重表示，财政支出分权度用地方财政支出占全国财政支出的比重表示。

此外，为了剔除物价影响因素，以 2006 年为基期，对地方政府债务余额、城镇居民人均可支配收入、农村居民人均可支配收入以及人均 GDP 指标进行平减指数处理。

2. 数据来源

考虑到数据的实用性、动态性和可获得性，本专题选择除西藏以外的内地 30 个省区市进行实证分析，时间跨度为 2006—2018 年。上述地方政府债务数据，主要来源于《中国财政年鉴》、财政部网站和徐军伟等[53]等公布的相关信息和数据。其他数据来源均为历年《中国统计年鉴》《城乡建设统计年鉴》《中国财政年鉴》。

3. 数据处理

1）Pearson 相关性检验

在测算地方政府债务支出效率前，首先应利用 Pearson 指数对投入指标与产出指标相关性进行分析，检验投入与产出指标是否满足 DEA 模型的同向性要求。本部分测算了 2006—2018 年各省区市地方政府债务余额与产出指标之间的 Pearson 相关系数，结果见表 7－1。

表 7－1　Pearson 相关系数检验

产出指标	Pearson 相关系数	产出指标	Pearson 相关系数
城镇化率（Y_1）	0.347**	邮电业务量（Y_{12}）	0.511**
人均公园绿地面积（Y_2）	0.392**	高校在校生数（Y_{13}）	0.545**
城市照明灯盏数（Y_3）	0.626**	每千人拥有职业医生数（Y_{14}）	0.309**
城市排水管道长度（Y_4）	0.662**	实际城镇居民人均可支配收入（Y_{15}）	0.597**
建成区面积（Y_5）	0.486**	实际农村居民人均可支配收入（Y_{16}）	0.616**
绿化覆盖率（Y_6）	0.403**	城镇单位就业人数（Y_{17}）	0.518**
日均污水处理能力（Y_7）	0.399**	基本社会保障覆盖率（Y_{18}）	0.536**

续表

产出指标	Pearson 相关系数	产出指标	Pearson 相关系数
每万人拥有公厕数（Y_8）	0.511**	实际人均 GDP（Y_{19}）	0.538**
供水综合生产能力（Y_9）	0.433**	财政收入分权度（Y_{20}）	0.406**
道路长度（Y_{10}）	0.365**	财政支出分权度（Y_{21}）	0.374**
运输线路网长度（Y_{11}）	0.594**		

从表 7－1 可以看出，30 个省区市的地方政府债务与各产出指标之间相关性均为 1%显著，且 Pearson 相关性指数都大于 0.3，表明地方政府债务与城镇化率、人均道路面积等 21 个指标之间存在较强的相关性，说明本专题选择的产出指标较为合理。

2）PCA 降维

为了更好地衡量地方政府债务产出绩效，相应的产出指标多达 21 个。为消除产出指标所反映信息重叠的影响，提高效率测算结果的准确性，本部分利用主成分分析法对产出指标进行降维处理，从而形成具有代表性的综合指标，再带入 DEA 模型进行地方政府债务绩效评价。本部分使用 SPSS 22.0 软件进行简化运算。

在对产出指标进行主成分分析时，需先进行 KMO 和巴特利特球形度检验，表 7－2 给出相应检验结果。KMO 值为 0.893，显著性＜0.05，表明产出指标间存在较强相关性，适合采用主成分分析法进行简化处理。

表 7－2　KMO 和巴特利特球形度检验

KMO 值		0.893
巴特利特球形度检验	近似卡方	10 995.272
	自由度	210
	显著性	0.000

利用主成分分析法提取主成分，特征值及贡献率见表 7-3。提取的 4 个主成分（Z_1，Z_2，Z_3 和 Z_4），累计贡献率为 85.198%，包含了 21 个产出指标的大部分信息，符合提取主成分的要求。

表 7-3　特征值及贡献率

	特征值	贡献率/%	累计贡献率/%
Z_1	11.915	56.738	56.738
Z_2	4.035	19.216	75.953
Z_3	1.140	5.427	81.380
Z_4	0.802	3.818	85.198

依据主成分的系数矩阵，列出主成分的公式：

$$Z_1=0.051Y_1+0.044Y_2+0.072Y_3+0.077Y_4+0.074Y_5+0.053Y_6+0.053Y_7+0.075Y_8+0.093Y_9+0.049Y_{10}+0.073Y_{11}+0.063Y_{12}+0.062Y_{13}+0.038Y_{14}+0.058Y_{15}+0.060Y_{16}+0.075Y_{17}+0.053Y_{18}+0.058Y_{19}+0.076Y_{20}+0.070Y_{21} \quad (7-3)$$

$$Z_2=0.167Y_1+0.072Y_2-0.090Y_3-0.064Y_4-0.098Y_5-0.084Y_6+0.064Y_7-0.076Y_8-0.060Y_9+0.118Y_{10}-0.036Y_{11}-0.048Y_{12}-0.116Y_{13}+0.183Y_{14}+0.150Y_{15}+0.150Y_{16}-0.078Y_{17}+0.145Y_{18}+0.156Y_{19}-0.043Y_{20}-0.101Y_{21} \quad (7-4)$$

$$Z_3=-0.198Y_1+0.583Y_2+0.058Y_3+0.011Y_4+0.036Y_5+0.117Y_6+0.436Y_7-0.083Y_8-0.177Y_9+0.263Y_{10}+0.053Y_{11}-0093Y_{12}+0.140Y_{13}-0.129Y_{14}-0.119Y_{15}-0.117Y_{16}-0.060Y_{17}+0.095Y_{18}-0.201Y_{19}-0.199Y_{20}-0.116Y_{21} \quad (7-5)$$

$$Z_4=0.235Y_1-0.289Y_2-0.047Y_3-0.069Y_4-0.088Y_5+0.436Y_6+0.301Y_7+0.09Y_8+0.125Y_9+0.418Y_{10}-0.386Y_{11}-0.474Y_{12}+0.120Y_{13}-0.09Y_{14}-0.129Y_{15}-0.060Y_{16}-0.069Y_{17}-0.362Y_{18}+0.125Y_{19}+0.192Y_{20}+0.161Y_{21} \quad (7-6)$$

将原始产出指标代入式（7－3）至式（7－6），得到经过优化处理的产出变量。考虑到利用 PCA 降维处理后的数据可能会出现负值，而 DEA 的投入、产出变量都必须为非负数，因此对投入、产出数据进行归一化处理，修正负值，公式如下：

$$X'_{ij}=0.1+\frac{X_{ij}-\min(X_{ij})}{\max(X_{ij})-\min(X_{ij})}\times 0.9 \quad (7-7)$$

（四）实证分析

1. 静态分析

将优化处理后的投入、产出数据代入 DEA－BCC 模型，利用 DEA－SOLVER PRO 5.0 软件测算 2018 年我国 30 个省区市的地方政府债务支出效率（见表 7－4），可以看出，我国地方政府债务支出效率展现出以下几个静态特征。

表 7-4　2018 年我国各省区市地方政府债务支出效率

省区市	综合技术效率	排名	省区市	纯技术效率	排名	省区市	规模效率	规模报酬	排名
均值	0.541	—	均值	0.786	—	均值	0.707	递减	—
海　南	1.000	1	海　南	1.000	1	海　南	1.000	不变	1
陕　西	1.000	1	陕　西	1.000	1	陕　西	1.000	不变	1
宁　夏	0.936	2	宁　夏	1.000	1	宁　夏	0.936	递减	2
青　海	0.864	3	青　海	1.000	1	青　海	0.864	递减	3
河　北	0.780	4	河　北	1.000	1	安　徽	0.859	递减	4
河　南	0.717	5	河　南	1.000	1	重　庆	0.851	递减	5
内蒙古	0.671	6	上　海	1.000	1	贵　州	0.837	递减	6
甘　肃	0.671	7	广　东	1.000	1	湖　南	0.822	递减	7
上　海	0.661	8	黑龙江	1.000	1	山　西	0.812	递减	8
广　东	0.658	9	辽　宁	1.000	1	吉　林	0.782	递减	9
黑龙江	0.652	10	山　东	1.000	1	河　北	0.780	递减	10
山　西	0.592	11	新　疆	1.000	1	江　西	0.780	递减	11
吉　林	0.583	12	北　京	1.000	1	广　西	0.761	递减	12
辽　宁	0.524	13	浙　江	1.000	1	内蒙古	0.760	递减	13
山　东	0.516	14	江　苏	1.000	1	湖　北	0.757	递减	14
新　疆	0.486	15	甘　肃	0.928	2	四　川	0.752	递减	15
湖　北	0.446	16	内蒙古	0.882	3	天　津	0.750	递减	16
贵　州	0.434	17	吉　林	0.745	4	甘　肃	0.723	递减	17
北　京	0.423	18	山　西	0.729	5	河　南	0.717	递减	18
广　西	0.414	19	湖　北	0.589	6	上　海	0.661	递减	19
四　川	0.405	20	云　南	0.563	7	云　南	0.661	递减	20
江　西	0.384	21	广　西	0.544	8	广　东	0.658	递减	21
安　徽	0.377	22	四　川	0.539	9	黑龙江	0.652	递减	22
云　南	0.372	23	福　建	0.527	10	福　建	0.646	递减	23
福　建	0.340	24	贵　州	0.519	11	辽　宁	0.524	递减	24
重　庆	0.300	25	江　西	0.492	12	山　东	0.516	递减	25
天　津	0.291	26	安　徽	0.440	13	新　疆	0.486	递减	26
湖　南	0.287	27	天　津	0.387	14	北　京	0.423	递减	27
浙　江	0.258	28	重　庆	0.353	15	浙　江	0.258	递减	28
江　苏	0.180	29	湖　南	0.350	16	江　苏	0.180	递减	29

1）地方政府债务支出的综合技术效率整体较低

综合技术效率是对地方政府债务资金配置与使用能力的综合评价，是纯技术效率与规模效率的乘积。当综合技术效率值为 1 时，表明纯技术效率和规模效率都达到1，即投入与产出达到了最优规模，该地区的地方政府债务资金的使用实现了 DEA 有效。综合技术效率值越低，表明该地区地方政府债务资金的支出效率越低。

如表 7－4 所示，2018 年我国各省区市地方政府债务支出的平均综合技术效率为 0.541，表明我国地方政府债务支出效率相对较低。30 个省区市中，一半省份的地方政府债务支出效率低于全国平均水平。同时，我国地方政府债务支出的综合技术效率存在明显的区域差异。2018 年，海南与陕西两个省份的地方政府债务综合技术效率值为 1，实现了 DEA 有效，表明这两个地区的地方政府债务支出效率实现了相对最优，支出结构、规模和管理相对合理。其余 28 个省区市地方政府债务支出效率均有待提高。其中，重庆、天津、湖南、浙江和江苏的综合技术效率值较低，表明这些地区地方政府债务支出的结构、规模和管理等方面可能存在较大的调整空间。

由于地方政府债务支出的综合技术效率为纯技术效率和规模效率乘积，有必要进一步探究综合技术效率低于 1 的省份是由于债务管理抑或债务规模的原因导致的。因此，下面从纯技术效率和规模效率两个方面，寻求地方政府债务支出综合技术效率低的原因。

2）地方政府债务管理效率相对较高，仍存在上升空间

纯技术效率用于评价各地方政府在地方政府债务的制度建设和监督管理方面的效率，纯技术效率等于 1 时，表示在当前的技术水平上，各地区地方政府债务支出管理是有效率的。2018 年我国地方政府债务支出的平均纯

技术效率为 0.786，这意味着如果地方政府债务支出管理效率提高至 1，保持现有地方政府债务支出综合技术效率不变，地方政府债务规模可减少 21.4%。

北京、辽宁、黑龙江、上海等 15 个省区市的纯技术效率值为 1，实现了在既定条件下地方政府债务的高效管理。其中，除海南和陕西两个省份的综合技术效率达到 1 以外，其余 13 个省区市地方政府债务支出的综合技术效率都未实现 DEA 有效，表明这 13 个省区市的地方政府债务支出效率不高的主要原因在于规模效率低。

在 30 个省区市中，有 13 个省区市地方政府债务管理效率低于全国平均水平。其中，天津、重庆和湖南的纯技术效率低于 0.4。由前述分析可知，这三个地区地方政府债务支出的综合技术效率值也处于全国最低水平，说明这些地区的地方政府债务支出的综合技术效率低主要是由其债务管理效率低造成的，提高其债务管理水平有助于提高债务支出整体效率。

3）地方政府债务规模过大，规模效率处于递减阶段

在地方政府债务相关制度和管理不变时，规模效率用于评估地方政府债务是否实现最优规模。规模报酬反映各省区市地方政府债务规模所处的规模报酬阶段，规模效率为 1，表明该省区市的地方政府债务规模最优，且处于规模报酬不变阶段。

2018 年我国 30 个省区市平均规模效率为 0.707。海南和陕西规模效率实现最优，其余 28 个省区市的规模效率值都小于 1，处于规模报酬递减阶段。30 个省区市中有 11 个省区市规模效率低于全国平均水平，其中江苏和浙江地方政府债务支出的规模效率仅为 0.180 和 0.258。从我们搜集整理的数据可知，2018 年江苏与浙江地方政府债务余额占全国的比重分别为 7.43%和 5.85%，是

当年债务余额占比较高的省份[①]，说明这两个省份地方政府债务余额规模过大，存在债务冗余的可能。

4）地方政府债务支出效率存在明显的区域差异

由于我国经济发展、地方政府债务管理等方面存在明显的区域差异，导致地方政府债务支出效率也呈现出较明显的区域差异。表 7－5 数据反映了 2018 年地方政府债务支出效率的区域差异。

表 7－5　2018 年地方政府债务支出效率的区域差异

	综合技术效率	纯技术效率	债务余额占比	债务余额新增率	债务负担率	规模效率
东部	0.512	0.901	49.16%	－2.69%	11.36%	0.581
中部	0.505	0.668	24.18%	12.88%	11.88%	0.773
西部	0.596	0.757	26.66%	6.47%	15.63%	0.785

我国地方政府债务支出的管理水平呈现东高中西低的特征，即东部高于中部，中部高于西部。由表 7－5 可以看出，2018 年东部地区地方政府债务支出的纯技术效率值均值为 0.901，较中部和西部地区高。从表 7－4 可以看出，东部有 9 个省区市的纯技术效率值为 1。这主要是因为东部地区总体经济发展水平较高，地方政府债务的管理意识形成得相对较早，监督管理制度较为完善。由于具有后发优势，西部地区在制度建设方面较中部地区会更顺畅，所以债务支出的平均管理水平高于中部地区。

我国地方政府债务支出的规模效率呈现西高东低的特征，即西部地区略高于中部地区，均高于东部地区。由表 7－5 可知，东部地区地方政府债务支出的平均规模效率为 0.581，西部地区略高于中部地区，分别为 0.785 和 0.773。

① 根据中国地方政府债券信息公开平台的数据进行测算，江苏与浙江地方政府债务余额占全国债务余额比重在全国排名均比较靠前。江苏 2018 年政府债务余额为 13 286 亿元，占比为 7.43%，排名全国第一；2019 年为 14 878 亿元，占比 7.22%，排名全国第一；浙江 2018 年政府债务余额为 10 794 亿元，占比 5.85%，排名全国第三；2019 年为 12 309 亿元，占比 5.79%，排名全国第三。

由表 7－4 可以看出，除海南实现规模有效外，东部地区其余省份的规模效率值都不足 0.8，江苏和浙江的规模效率值则不足 0.3。出现这种情况的主要原因在于近年来东部地区地方政府债务不断累积，存量债务规模巨大。2018 年东部地区地方政府债务余额占全国地方政府债务余额总额之比高达 49.16%，尽管 2018 年东部地区债务余额新增率为－2.69%，债务余额与 2017 年相比有所下降，但仍存在债务规模超过最优规模而导致债务支出效率低下的问题。与东部地区相比，中部和西部地区地方政府债务余额占全国地方政府债务余额总额的比例分别为 24.18%和 26.66%，地方政府债务规模与当地经济发展需要的匹配度高于东部地区。规模效率的区域差异说明地方政府债务规模并不是越大越好，应与当地经济发展高度匹配才能提高规模效率。

在地方政府债务管理效率和规模效率的影响下，我国地方政府债务支出的综合技术效率呈现西高中低的特征，即西部高于东部，东部高于中部，见表 7－5。中部地区地方政府债务支出的综合技术效率最低，主要是因为纯技术效率即债务管理水平有待提高，东部地区则主要是由于债务规模过大导致债务支出综合技术效率不高。尽管西部地区债务支出综合技术效率高于中部和西部地区，但其债务管理水平和规模效率仍需要进一步加强。

2. 利用 Malmquist 指数进行动态分析

上文主要利用 BCC 模型对我国 2018 年 30 个省区市地方政府债务支出效率进行静态测算，本部分采用 Malmquist 指数（以下简称 M 指数）对我国 2006—2018 年地方政府债务支出效率进行动态测算，结果如图 7－2 和表 7－6 所示。具体而言，M 指数由技术进步指数和技术效率变化指数构成，技术效率变化指数又可分解为纯技术效率变化指数和规模效率变化指数。$M>1$ 表明指数上升，代表地方政府债务支出效率提高；$M<1$ 表明指数下降，代表地方政府债务支出效率下降；$M=1$ 表明指数不变，代表地方政府债务支出效率不变。

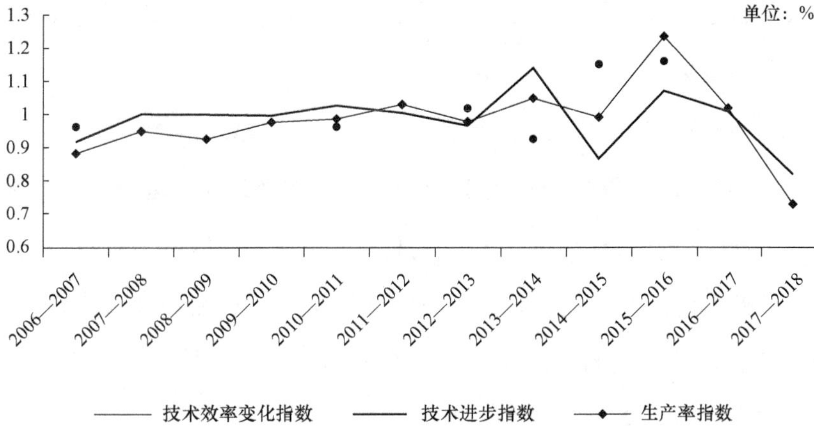

图 7－2　2006—2018 年 *M* 指数变动情况

表 7－6　2006—2018 年 *M* 指数变动与分解

年份	*M* 指数	技术进步指数	技术效率变化指数	纯技术效率变化指数	规模效率变化指数
2006—2007	0.882	0.917	0.962	0.969	0.993
2007—2008	0.949	0.996	0.952	1.038	0.918
2008—2009	0.925	0.999	0.927	0.990	0.936
2009—2010	0.975	0.995	0.980	1.009	0.972
2010—2011	0.986	1.024	0.963	0.972	0.991
2011—2012	1.027	1.003	1.024	0.969	1.056
2012—2013	0.974	0.963	1.012	1.022	0.990
2013—2014	1.045	1.135	0.921	0.949	0.970
2014—2015	0.988	0.866	1.141	1.077	1.059
2015—2016	1.231	1.065	1.156	1.054	1.097
2016—2017	1.016	1.004	1.012	0.963	1.050
2017—2018	0.731	0.819	0.893	0.899	0.993
均值	0.971	0.979	0.992	0.991	1.001

1）整体来看，地方政府债务支出效率呈下降趋势，需引起重视

图 7－2 和表 7－6 的结果表明，2006—2018 年间我国地方政府债务支出效率的 M 指数存在明显的波动并呈现下降趋势，年均 M 指数为 0.971，意味着近年来我国地方政府债务支出效率呈下降趋势，需对地方政府的债务规模、投向等给予高度重视。

2）2006—2011 年地方政府债务支出效率呈波动上升

2006—2011 年 M 指数呈波动上升趋势，但均超过 1，这一时期技术效率指数较低，导致地方政府债务支出效率未发生优化。为缓解 2008 年金融危机的冲击，国家出台四万亿投资计划，各地借助融资平台公司大规模举借债务，在政府债务管理不到位的前提下，地方政府债务支出规模效率并未随着规模的不断膨胀而相应提高。

3）2011—2014 年地方政府债务支出效率稳步提高

2011—2014 年 M 指数相对较高，全国地方政府债务支出效率在技术效率和技术进步上同时取得进展。这得益于 2011 年和 2012 年我国审计署和各地审计机构对地方政府债务的全面审查、全口径监管，审计工作的开展使得各地政府开始关注并规范地方政府债务管理。

4）2015—2018 年地方政府债务支出效率的提高受规模效率制约

2014—2015 年 M 指数未达到 1 的原因在于技术进步指数较低，而纯技术效率变化指数和规模效率变化指数都大于 1。2015—2017 年，M 指数有小幅度上升并大于 1，技术效率变化指数与技术进步指数都大于 1，效率的提高得益于 2015 年新《预算法》的实施，中央赋予地方政府在限额内举债的权利，同时禁止违规举债，这些措施使得地方政府加强对债务资金的监管。2017—2018 年，由于地方政府债务规模不断累积，部分资金留存账户管理使用存在问题等，造成技术效率变化指数和技术进步指数都出现下降，M 指数不升反

降，地方政府债务支出效率下滑。

从 M 指数的波动可以看出，地方政府债务支出效率与政府政策有着非常密切的关系，受政策影响较大。

（五）结论与政策建议

1. 结论

本专题利用 PCA－DEA 模型和 M 指数对我国内地 30 个省区市的地方政府债务支出绩效进行实证分析，从支出效率的测算结果可以得出以下结论。

（1）从静态效率来看，我国地方政府债务支出效率较低，区域差异明显。实证结果显示我国部分地区的地方政府债务支出效率与该地区经济发展水平并不完全相符，我国西部地区地方政府债务支出效率最高，东部地区次之，中部地区效率最低。我国西部地区发展较晚，经济和基础设施较为落后，现阶段处于快速城镇化进程中，经济发展后劲足，地方政府债务的投入为地区发展提供了资金支持，作用明显。东部地区地方政府债务支出效率不高的主要原因是其债务规模过大，规模效率较低。而“十三五”时期我国提出“中部崛起”计划，要求建立更为完善的基础设施网络体系，打造全国先进制造业中心。在这期间中部地区地方政府债务增长较快，超过最优规模，处于规模报酬递减阶段，而且中部地区地方政府债务的管理制度相对而言不够完善。

（2）从动态效率来看，2006—2017 年我国地方政府债务支出效率呈上升趋势，由于规模过大，2018 年支出效率有所下降。从 M 指数看，2006—2016

年我国地方政府债务支出效率上升了 39.57%，其主要是技术效率即地方政府债务管理的进步带动的。这期间我国出台了包括预算管理、限额限制、债务置换等多种地方政府债务管理制度，切实提高了地方政府债务支出效率。2018 年债务支出效率与 2017 年相比下降了 28.5%，下降幅度较大。这主要是由于前期积累的债务余额规模过大，规模效率过低。

2. 政策建议

地方政府债务支出效率的提高是缓解地方政府债务风险的关键措施。本专题通过测算地方政府债务支出效率，发现地方政府债务支出效率存在上升空间，且区域差异明显。近年来国家已经采取相关措施并有效提高了债务支出效率，但仍存在改进空间。基于此，提出如下建议。

（1）有序化解地方政府债务存量。由上述动态支出效率结果可知，2018 年债务支出效率下降的主要原因在于存量债务余额规模引发的规模效率过低。在当前我国地方政府债务风险可控的情况下，应该采取措施有序化解地方政府债务存量，使债务规模与地方经济发展相匹配，切实提高地方政府债务支出效率。随着广东、上海、北京等地隐性债务“清零”试点的推进，陕西 2022 年预算报告也表明要开始积极化解存量债务，实施隐性债务“清零”工作。这些举措不仅有利于降低和控制地方政府债务规模，同时也会促进债务支出效率的提高。

（2）完善政府间财政关系，构建地方政府债务考核问责机制。“十四五”规划明确提出，我国要建立与高质量发展相适应的财税体制，“建立权责清晰、财力协调、区域均衡的中央和地方财政关系”。为控制地方政府债务的规模，应加快培育地方主体税种，为地方经济建设提供较为稳定的资金来源，同时还应该完善我国的转移支付制度。我国还应变革政府官员政绩考核机制，构建地方政府债务考核问责机制。以 GDP 为核心的政府官员晋升考核机制，使得地方政府官员过度关注本地区经济建设，对财政资金的使用过程及效率关注不足，忽视了地方政府债务等财政风险。我国现阶段地方政府债务规模庞大，债务支出效率不高，将地方政府债务率、债务依存度等指标纳入政府官员考核机制，构建债务考核问责机制，将会大大提高地方政府债务的支出效率。

（3）加强预算绩效管理，健全地方政府债务管理机制。从实证分析可以看出，政府出台相应政策，可以有效提高债务管理效率，进而优化债务规模，提高债务支出效率。因此，应对地方政府债务进行全过程、常态化的管理。首先，地方政府债券的发行规模应严格控制在限额内，并将其全部纳入预算管理，在债券发行时应合理确定债券期限，优化债券投向，将其更多投向“两新一重”、公共卫生设施等国家重点建设项目。同时，在规划地方专项债券发行时，还需对专项债券的预期收益进行合理评估。其次，应对地方政府债务资金的使用进行动态监测和绩效评价，并全面公开地方债券资金的使用情况和进度情况，自觉主动接受社会各界的监督。据《中国经营报》报道，我国地方政府债务资金出现大量闲置的情况，2019 年 19 个省份的审计结果发现，我国新增地方政府债券超过 500 亿元资金处于闲置状态。债务资金的闲置表明债务资金未实现充分利用，使用效率较低，这也从侧面反映出我国应加强对地方政府债务支出项目的精准管理，完善项目支出的预算评审制度。最后，各级地方政府应合理制定债务偿还计划，避免集中偿债期的出现，防范债务偿还风险。

（4）因地制宜，有针对性地提高地方政府债务支出效率。BCC 模型的测算结果表明，我国东部、中部、西部地区地方政府债务支出效率较低的原因各不相同，各地区应根据自身地方政府债务规模、经济发展水平、社会建设需要等实际情况，有针对性地提出提高地方政府债务支出效率的对策。东部地区经济发达的省份应适当控制地方政府债务规模，关注政府债务的投向与偿还问题。西部地区应重点提高地方政府债务的制度建设与监管，加强预算绩效管理，合理规划债务结构。中部地区应在控制地方政府债务规模增长的同时，实现债务资金规范管理，切实提高地方政府债务支出效率。

八、结论、政策建议与展望

（一）结论

结合本书的研究重点，得出以下几个方面的结论。

1. 区域差异是考量地方政府债务对经济增长的重要影响因素之一

1）区域差异是我国经济社会发展中的一大现实特点

我国东部、中部、西部和东北四大地区 2006—2020 年的经济社会发展主要层面存在较明显的区域差异：第一，经济发展水平区域差异明显。无论从 GDP 还是人均 GDP 水平来看，基本都呈现出经济发展实力东部地区优于中部地区，中部地区优于东北地区，东北地区优于西部地区的特征。但这一差距近年来有所缩小。第二，东部、中部、西部和东北地区平均财政情况区域差异较明显，西部地区政府财政压力比较突出。第三，我国平均人口总抚养比呈现西部地区高于中部地区，中部地区高于东部地区、东部地区高于东北地区的特征。从细化的人口抚养结构看，西部地区还存在较大的人口红利，而东部地区的人口压力则较大。这样的人口结构可能会对经济、财政以及社会发展等方面产生较大的影响，值得引起重视。第四，城镇化呈现由东向东北向中然后向西递减的趋势，全社会固定资产投资呈现由东向东北向中向西递增的趋势，而外贸依存度则呈现明显的东部地区更具优势，东北地区优于中部地区，中部地区略优于西部地区的趋势。

2）地方政府债务也存在较大的区域差异

根据中国地方政府债券信息公开平台中的数据对2015—2020年全国及31个省区市地方政府债券信息进行归纳总结，分析发现：第一，地方政府债务余额在债务限额范围内，债务余额增速呈现递增趋势。同时，全国地方政府债券余额增长幅度减缓，发行额呈现下降趋势。第二，东部、中部、西部和东北部地区政府债务差异较大。地方政府债务余额区域差异明显，无论是债务余额、债务限额还是债务发行额，均存在明显的区域差异，且均表现为东部地区最高，中部地区次之，西部地区和东北地区最低的特征。第三，各地区地方政府债务区域差异表现不同。东部、中部、西部和东北各地区的各省区市债务余额均呈现缓慢上升趋势，但东部、西部地区各省区市间差异较大，中部各省区市间差异不明显，东北地区辽宁债务体量最大。

2. 地方政府债务对经济增长有先扬后抑的作用，且存在区域差异

地方政府举借债务究竟是促进还是抑制经济增长，是近年来社会各界高度关注的一个热点问题，同时也是本书的重点研究内容之一。此外，由于区域差异的存在，地方政府债务对经济增长的影响是否存在差异，也是本书的研究重点之一。通过研究，我们发现以下结论。

1）地方政府债务水平对地区经济增长的影响呈现非线性的倒U形关系

地方政府债务对经济增长的影响存在先扬后抑的作用，即如果地方政府举借债务不超过债务平衡点，地方政府债务会起到促进经济增长的作用，但随着债务规模不断扩大并超过债务平衡点，地方政府债务则会抑制经济增长。

2）地方政府债务对地区经济增长的倒U形影响存在明显的区域差异

由于区域差异，地方政府债务对地区经济增长的影响存在较大差异。经济发展水平较高的东部地区，债务平衡点较高，即地方政府债务对经济增长负向影响相对于中部、西部和东北地区而言，出现得较晚，也即经济增长对债务的耐受点相对较高。进一步的机制分析发现，东部地区之所以表现出较高的债务耐受性，是因为在经济发展水平、财政状况以及城市群等方面占有优势。

3. 地方政府债务的空间溢出效应：静态效应、空间效应和区域差异

根据财政收入与财政支出之间的经济逻辑关系，利用空间滞后模型、空间误差模型以及全局向量自回归模型等多种实证方法，检验某地区政府债务对周边地区政府债务及经济发展的空间溢出效应，得出以下结论。

1）从静态上看，影响地方政府债务水平的因素主要分为三大类

第一，抑制地方政府债务增长的因素。财政赤字与地方政府债务水平之间存在显著的负向关系。这表明，本省份财政赤字越大，越增加政府还债压力，减弱举债动机。第二，促进地方政府债务增长的因素。财政分权、城镇

化率和基础设施投资与地方政府债务水平之间存在显著的正向关系。政府自主决定财政收支的权力越大，所受约束越弱，越可能采取举债来缓解财政压力；城镇化率越高、基础设施投资越不完善的地区，对地方政府的要求越高，政府举债动机越大。第三，经济发展水平对地方政府债务增长的影响要分区域进行甄别。由于经济发展水平对于地方政府债务具有双向作用的关系，即经济发展水平较高的地区，政府财政收入较高，民间资本更为活跃，债务使用效率也更高，因此举债需求较小，从而抑制债务增长。相反，经济发展水平较低的地区，出于经济发展、改善民生等方面的需要，举债需求较大，因此会促进地方政府债务水平提升。因此，需要甄别区域差异对地方政府债务增长机制带来的影响。

2）从空间溢出效应上看，影响地方政府债务水平的因素主要分为两大类

第一，财政赤字与地方政府债务水平之间存在正的空间自相关，即相邻地区的财政赤字水平的提高，将会产生明显的空间溢出效应，导致本地区增大地方政府债务规模。第二，财政分权、城镇化水平以及人口增长率与地方政府债务水平之间存在负的空间自相关，即相邻地区的上述因素水平的提高，将会产生明显的空间溢出效应，导致本地区产生减小地方政府债务规模的冲动。

3）地方政府债务增长的影响因素存在明显的区域差异

相较于其他地区，经济发展水平对东部地区债务增长的抑制作用更大，人口增长压力、财政分权对东部地区债务增长的促进作用更明显。由于东部地区基础设施建设相比其他地区更完善，因此，基础设施建设投资对其他地区地方政府债务的促进作用更加明显。从空间溢出效应上看，经济发展水平、财政赤字和城镇化水平对其他地区的空间溢出效应更明显。

4. 人口结构变动：老龄化及人口流入推动地方政府债务增长

1）人口结构变动是推动我国地方政府债务增长的原因之一

不断加深的人口老龄化，会对社会经济发展的各个方面产生影响。老年人口对养老、医疗以及相应公共基础设施的诉求，要求地方政府要持续不断调整公共服务支出的重点与方向，给地方财政带来压力。伴随人口流入的人口结构变动会通过加大流入地公共服务养老、社会保障以及基础公共服务支出压力而导致流入地地方政府债务增长。

2）人口老龄化对地方政府债务的作用机制比较复杂

从财政收支两个端口来看，人口老龄化主要是通过影响财政支出实现对地方政府债务的推动作用。而财政支出的影响路径中，人口老龄化对地方政府债务的影响机制存在区别。从专题六的实证来看，人口老龄化主要是通过挤出科教支出进而抑制地方政府债务增长。同时，人口老龄化会通过加大社会保障支出以及要求提高医疗支出等伴随老龄化特征的财政负担进而推动地方政府债务增长。

5. 地方政府债务支出效率：综合技术效率、管理效率、规模效率和区域差异

利用PCA－DEA模型和M指数对各省区市政府债务支出效率进行静态和动态实证分析，得出以下几点结论。

1）从整体来看地方政府债务支出的综合技术效率较低

综合技术效率是对地方政府债务资金配置与使用能力的综合评价，是纯

技术效率与规模效率的乘积。综合技术效率值越低，表明该地区地方政府债务资金的支出效率越低。如前文所述，2018 年我国各地区地方政府债务支出的平均综合技术效率为 0.541 1，表明我国地方政府债务支出效率相对较低。30 个省区市中，一半省份的地方政府债务支出效率低于全国平均水平。

2）地方政府债务管理效率相对较高，仍存在上升空间

纯技术效率用于评价各地方政府在地方政府债务的制度建设和监督管理方面的效率，纯技术效率等于 1 时，表示在当前的技术水平上，各地区地方政府债务支出管理是有效率的。2018 年我国地方政府债务支出的平均纯技术效率为 0.786，这意味着如果地方政府债务支出管理效率提高至 1，保持现有地方政府债务支出综合技术效率不变，地方政府债务规模可减少 21.4%。

3）地方政府债务规模过大，规模效率处于递减阶段

在地方政府债务相关制度和管理不变时，规模效率用于评估地方政府债务是否实现最优规模。规模报酬反映各省区市地方政府债务规模所处的规模报酬阶段，规模效率为 1，表明该省区市的地方政府债务规模最优，且处于规模报酬不变阶段。2018 年我国 30 个省区市平均规模效率为 0.707，处于规模报酬递减阶段。

4）地方政府债务支出效率存在明显区域差异

我国地方政府债务支出的管理水平呈现东高中西低的特征，即东部地区高于中部地区，中部地区高于西部地区。2018 年东部地区地方政府债务支出的纯技术效率值均值为 0.901，较中部地区和西部地区高。我国地方政府债务支出的规模效率呈现西高东低的特征，即西部地区略高于中部地区，均高于东部地区。我国地方政府债务支出的综合技术效率呈现西高中低的特征，即西部地区高于东部地区，东部地区高于中部地区，中部地区地方政府债务支出的综合技术效率最低，主要是因为纯技术效率即债务管理水平有待提高，

东部地区则主要是由于债务规模过大导致债务支出综合技术效率不高。尽管西部地区债务支出综合技术效率高于中部地区和西部地区，但其债务管理水平和规模效率仍需要进一步加强。

5）地方政府债务支出效率动态上升，规模控制是提升支出效率的关键

2006—2017年我国地方政府债务支出效率呈现上升趋势，由于规模过大，2018年支出效率有所下降。从*M*指数看，2006—2016年我国地方政府债务支出效率上升了39.57%，其主要原因在于技术效率即地方政府债务管理的进步带动的。这期间我国出台了包括预算管理、限额限制、债务置换等多种地方政府债务管理制度，切实提高了地方政府债务支出效率。2018年债务支出效率与2017年相比下降了28.5%，下降幅度较大。这主要是由于前期积累的债务余额规模过大，规模效率过低。因此，合理控制地方政府债务规模是提高债务支出效率的关键因素之一，进一步表明我国2015年之后提出的限额发行政策的科学性与合理性。

（二）政策建议

1. 科学合理控制地方政府债务规模，防范债务风险

1）根据债务分布特征及债务增长机制区别对待各地区的政府债务

为了更加合理地控制地方政府债务规模，防范地方政府债务风险，应根据债务分布特征及债务增长机制区别对待。研究发现，经济发展水平对抑制东部地区债务增长的作用更为明显，而提高城镇化水平对于抑制其他地区债

务增长则作用更大。因此，应加快落实十九大报告中所提出的建立“权责清晰、财力协调、区域均衡”的央地财政关系，统筹解决区域债务风险问题。对于东部地区，鉴于其较强的经济发展实力，对地方政府债务具备一定的消化能力，可以适当保持较高档债务控制规模，但应重点防范地方官员利用政府债务盲目追求政绩的风险。而对于其他欠发达地区，首先应设置较低档债务控制规模；其次应积极推进区域经济协调发展战略，加快中部、西部地区城市群建设，提高中部、西部地区经济发展水平，增强其债务承受能力；最后可以适当加强对中部、西部地区的转移支付水平，以满足其城镇化建设需要，从而降低政府债务。

2）制定债务规模政策时，应充分考虑相邻地区地方政府债务的空间溢出效应

国家出台政策控制地方政府债务规模时，还应考虑相邻地区地方政府债务的空间溢出效应。本书研究发现，地方政府举债容易通过 GDP 竞争以及财政扩张等渠道进行传导，影响其他地区政府举债。因此，为了弱化 GDP 绩效考核竞争带来的政府债务空间溢出风险，应加快推进官员考核机制改革，逐步取消 GDP 单一绩效考核指标，建立地方政府债务指标（规模和效率两方面指标），并将其纳入由政治、经济、生态等多方面构成的综合考核体系中。这样做一方面可以减少地方官员为追求政绩工程、形象工程而冲动举债的风险，另一方面可以有效控制政府债务扩张的速度与规模，促使地方政府审慎举债并科学用债。

3）在治理地方政府债务时，应重点关注地方官员举债的短期效应

本书实证研究表明，无论是当地政府的举债行为，还是其对相邻地区举债的空间溢出效应，都存在明显的短期举债冲动。因此，为防范地方政府为了短期利益盲目举债的风险，结合风险滞后性的特点，应考虑适当延长地方

政府官员的考核期限，将官员任期结束后的经济发展状况纳入绩效考核指标。此外，可以考虑建立举债问责机制，坚持举债主体与偿债责任相匹配，以降低甚至阻断举债产生的空间溢出效应。

2. 提高地方政府债务支出效率，防范与缓解债务风险

1）完善政府间财政关系，构建地方政府债务考核问责机制

"十四五"规划明确提出，我国要建立与高质量发展相适应的财税体制，建立权责清晰、财力协调、区域均衡的中央和地方财政关系。为控制地方政府债务的规模，应加快培育地方主体税种，为地方经济建设提供较为稳定的资金来源，同时还应该完善我国的转移支付制度。我国还应变革政府官员政绩考核机制，构建政府债务考核问责机制。以 GDP 为核心的政府官员晋升考核机制，使得地方政府官员过度关注本地区经济建设，对财政资金的使用过程及效率关注不足，忽视了地方政府债务等财政风险。我国现阶段地方政府债务规模庞大，债务支出效率不高，将地方政府债务率、债务依存度等指标纳入政府官员考核机制，构建债务考核问责机制，将会大大提高政府债务的支出效率。

2）加强预算绩效管理，健全政府债务管理机制

从实证分析可以看出，政府出台相应政策，可以有效提高债务管理效率，进而优化债务规模，提高债务支出效率。因此，应对地方政府债务进行全过程、常态化的管理。首先，地方政府债券的发行规模应严格控制在限额内，并将其全部纳入预算管理，在债券发行时应合理确定债券期限，优化债券投向，将其更多投向"两新一重"、公共卫生设施等国家重点建设项目。同时，在规划地方专项债券发行时，还需对专项债券的预期收益进行合理评估。其

次，应对地方政府债务资金的使用进行动态监测和绩效评价，并全面公开地方政府债券资金的使用情况和进度情况，自觉主动接受社会各界的监督。据《中国经营报》报道，我国地方政府债务资金出现大量闲置的情况，2019 年19 个省份的审计结果发现，我国新增地方政府债券超过 500 亿元资金处于闲置状态。债务资金的闲置表明债务资金未实现充分利用，使用效率较低，这也从侧面反映出我国应加强对地方政府债务支出项目的精准管理，完善项目支出的预算评审制度。最后，各级地方政府应合理制定债务偿还计划，避免集中偿债期的出现，防范债务偿还风险。

3. 重视人口结构变化对财政收支的影响，将其纳入地方政府债务指标体系

1）制定地方政府债务管理制度时，要充分考虑人口结构变动因素

由文献综述以及地方政府债务管理制度可知，人口结构变化并未成为地方政府债务研究以及地方政府债务管理的重点。中国人口老龄化呈现出的规模大、发展快速以及未富先老的特征，叠加人口流动带来的公共服务供给压力等问题，对地方政府债务产生的推动作用不容忽视。因此，在构建和完善地方政府债务管理体系以及风险防范的指标体系时，要考虑人口老龄化与人口流入指标，以便更全面、科学地管理地方政府债务。

2）根据人口结构变化特征，调整财政收支结构，注重提升财政支出效率

专题六的研究结果表明，人口老龄化对地方政府债务的影响主要体现在财政支出端，老龄化的不断加深会对社会保障和医疗支出等老年人口急需的公共支出提出更高要求，有可能会加大财政收支缺口，进而推动地方政府债务增长。因此，在确定地方政府债务投向、考核地方政府债务支出效率时，需要充分考虑人口结构的变化与特征。此外，需要在公共服务供给方向快速

向适应老龄化社会转变，在调整财政支出结构的同时，更要注重提升财政支出效率。

（三）展望

1. 完善地方政府债务数据库，并保证数据质量

随着研究不断推进，我们已经将原有数据库由 2015 年的数据扩展至 2018 年。但由于地方政府债务本身存在的繁杂性，如何保质保量地完善地方政府债务数据库是一个研究难点，同时也是本书研究的不足之处。我们将持续跟踪地方政府债务问题，并不断更新与完善政府债务数据库，为进一步研究奠定研究基础。

2. 减小空间滞后模型与空间误差模型产生的内生性问题

空间滞后模型与空间误差模型均是从全局计算空间相关性的，因而可能存在内生性问题，影响地方政府债务的空间溢出效应分析结果的科学性与准确性。因此，我们下一步将持续跟踪前沿实证分析方法，以更科学地验证地方政府债务的空间溢出效应，为合理管理政府债务问题提供更加科学的依据。

3. 进一步探究地方政府债务对财政可持续性的影响

当前我国经济尚处于疫情冲击后的恢复阶段，在大规模减税降费政策的实施以及财政刚性支出不断增强的大背景下，财政可持续性问题受到更多关注。降低地方政府债务水平、减税与财政收支平衡之间的不可能性三角问题，使得研究地方政府债务与财政可持续性之间关系的问题显得更加重要。因此，我们拟在前期研究的基础上，结合区域差异，进一步探究地方政府债务对财政可持续性的影响问题，丰富本书的研究成果。

4. 进一步探究各地区地方政府债务风险

地方政府债务对经济增长的影响存在区域差异，对财政可持续性的影响也可能存在差异，进而各地区面临的地方政府债务风险可能也会存在差异。因此，我们拟在探究地方政府债务对财政可持续性影响问题的同时，对全国及各地区地方政府债务风险问题进行研究，扩展本书的研究广度。

附录A 相关数据

2015—2020年分地区地方政府债务相关数据见表A-1～表A-4。

表A-1 2015—2020年分地区地方政府债务余额 单位：亿元

地区	2015年	2016年	2017年	2018年	2019年	2020年
北京市	5 729	3 743	3 877	4 249	4 964	6 064
天津市	2 254	2 913	3 424	4 078	4 959	6 368
河北省	5 330	5 691	6 151	7 278	8 754	11 016
山西省	2 027	2 291	2 579	2 964	3 512	4 613
内蒙古自治区	5 455	5 677	6 217	6 555	7 307	8 269
辽宁省	6 657	6 572	6 516	6 612	6 908	7 197
大连市	1 936	1 955	1 939	1 985	1 977	2 064
吉林省	2 752	2 896	3 193	3 712	4 345	5 221
黑龙江省	3 065	3 120	3 455	4 116	4 749	5 685
上海市	4 881	4 485	4 694	5 035	5 722	6 891
江苏省	10 556	10 915	12 026	13 286	14 878	17 228
浙江省	6 426	6 994	7 696	8 987	10 388	12 480
宁波市	1 505	1 396	1 544	1 807	1 921	2 161
安徽省	5 089	5 319	5 823	6 705	7 936	9 600
福建省	4 216	4 487	4 902	5 419	6 246	7 227
厦门市	377	479	560	637	788	1 112
江西省	3 738	3 957	4 269	4 779	5 351	7 149
山东省	8 135	8 494	9 135	10 165	11 546	14 533
青岛市	924	951	1 062	1 272	1 582	2 058

续表

地区	2015 年	2016 年	2017 年	2018 年	2019 年	2020 年
河南省	5 456	5 525	5 548	6 541	7 910	9 822
湖北省	4 570	5 104	5 716	6 676	8 040	10 079
湖南省	6 152	6 828	7 667	8 708	10 174	11 815
广东省	8 037	8 403	8 906	9 862	11 519	14 435
深圳市	151	128	117	146	430	881
广西壮族自治区	4 042	4 567	4 837	5 493	6 328	7 615
海南省	1 398	1 560	1 719	1 942	2 231	2 623
重庆市	3 379	3 737	4 019	4 690	5 604	6 799
四川省	7 465	7 812	8 497	9 299	10 577	12 743
贵州省	8 755	8 710	8 607	8 850	9 673	10 991
云南省	6 229	6 353	6 725	7 140	8 100	9 592
西藏自治区	78	58	99	135	254	375
陕西省	4 949	4 918	5 395	5 887	6 586	7 433
甘肃省	1 588	1 779	2 069	2 492	3 117	3 933
青海省	1 235	1 339	1 513	1 763	2 102	2 454
宁夏回族自治区	1 055	1 171	1 226	1 389	1 659	1 858
新疆维吾尔自治区	2 633	2 837	3 378	4 040	4 961	6 170

注：数据来源为中国地方政府债券信息公开平台，以下表格来源相同。平台没有统计新疆生产建设兵团 2015—2020 年地方政府债务余额和限额数据。

表 A－2　2015—2020 年分地区地方政府债务限额　　单位：亿元

地区	2015 年	2016 年	2017 年	2018 年	2019 年	2020 年
北京市	6 689	7 211	7 736	8 302	9 119	10 266
天津市	2 592	2 956	3 463	4 159	5 054	6 841
河北省	5 888	6 426	7 202	8 521	10 208	12 442
山西省	2 123	2 387	2 728	3 187	3 799	4 833
内蒙古自治区	5 676	5 963	6 358	6 875	7 764	8 954

续表

地区	2015年	2016年	2017年	2018年	2019年	2020年
辽宁省	7 048	7 146	7 257	7 377	7 668	8 170
大连市	2 091	2 116	2 144	2 174	2 167	2 467
吉林省	3 019	3 310	3 686	4 171	4 811	5 782
黑龙江省	3 165	3 422	3 802	4 293	4 940	5 900
上海市	6 019	6 519	7 112	7 704	8 577	9 723
江苏省	10 954	11 830	13 103	14 768	16 525	19 007
浙江省	7 325	7 790	8 541	9 593	11 008	12 953
宁波市	1 863	1 895	1 947	2 037	2 158	2 427
安徽省	5 424	5 894	6 622	7 629	8 913	10 691
福建省	4 586	4 932	5 420	6 056	6 912	8 424
厦门市	465	538	635	735	887	1 215
江西省	3 905	4 264	4 784	5 491	6 276	8 299
山东省	8 443	9 035	9 862	10 970	12 419	15 553
青岛市	1 091	1 204	1 355	1 578	1 888	2 346
河南省	5 955	6 500	7 266	8 285	9 729	11 851
湖北省	4 698	5 254	5 997	7 012	8 416	10 500
湖南省	6 780	7 241	7 887	8 727	10 229	12 161
广东省	8 810	9 448	10 399	11 709	13 500	16 327
深圳市	332	332	332	385	699	1 180
广西壮族自治区	4 465	4 806	5 313	5 976	6 866	8 198
海南省	1 491	1 640	1 834	2 091	2 426	2 811
重庆市	3 412	3 835	4 383	5 093	6 049	7 542
四川省	7 808	8 397	9 209	10 280	11 731	13 987
贵州省	9 136	9 200	9 277	9 362	10 193	11 658
云南省	6 628	7 000	7 522	8 204	9 341	10 784
西藏自治区	114	138	168	198	326	454
陕西省	5 065	5 414	5 866	6 465	7 228	8 455

续表

地区	2015 年	2016 年	2017 年	2018 年	2019 年	2020 年
甘肃省	1 710	1 960	2 300	2 746	3 407	4 352
青海省	1 331	1 482	1 677	1 938	2 285	2 711
宁夏回族自治区	1 139	1 241	1 376	1 585	1 867	2 041
新疆维吾尔自治区	2 837	3 151	3 614	4 302	5 386	6 988

表 A－3　2015—2020 年分地区政府债券余额　　单位：亿元

地区	2015 年	2016 年	2017 年	2018 年	2019 年	2020 年
北京市	1 437	2 530	3 566	3 950	4 959	6 047
天津市	691	2 323	3 135	4 058	4 957	6 366
河北省	1 780	4 000	5 422	7 113	8 631	10 904
山西省	863	1 581	2 287	2 868	3 487	4 586
内蒙古自治区	1 786	4 202	5 419	6 345	7 199	8 252
辽宁省	1 841	4 168	5 757	6 438	6 795	7 101
大连市	337	745	1 373	1 928	1 969	2 059
吉林省	1 067	1 891	2 949	3 635	4 281	5 165
黑龙江省	1 106	2 120	2 993	3 971	4 643	5 577
上海市	1 574	3 739	4 478	4 966	5 699	6 878
江苏省	3 621	8 088	10 911	12 894	14 769	17 145
浙江省	2 620	6 168	7 684	8 979	10 380	12 474
宁波市	622	1 085	1 497	1 799	1 917	2 158
安徽省	1 719	3 273	4 611	6 556	7 880	9 535
福建省	1 512	3 235	4 602	5 400	6 229	7 211
厦门市	129	467	553	637	788	1 112
江西省	1 329	2 285	3 455	4 370	5 318	7 111
山东省	2 314	6 148	8 340	10 002	11 503	14 493
青岛市	287	685	964	1 259	1 570	2 047

续表

地区	2015年	2016年	2017年	2018年	2019年	2020年
河南省	1 854	3 636	5 488	6 494	7 872	9 780
湖北省	1 871	4 404	5 514	6 648	8 019	10 025
湖南省	1 838	5 204	7 037	8 708	10 154	11 791
广东省	1 978	5 443	7 246	9 534	11 326	14 254
深圳市	116	105	112	146	430	881
广西壮族自治区	1 194	2 557	4 194	5 369	6 213	7 497
海南省	378	884	1 376	1 866	2 172	2 571
重庆市	1 068	2 569	3 808	4 648	5 559	6 743
四川省	2 326	5 049	7 710	9 271	10 548	12 712
贵州省	2 626	5 139	7 156	8 799	9 625	10 939
云南省	2 042	3 972	5 776	6 937	7 993	9 556
西藏自治区	31	41	87	135	251	372
陕西省	1 594	3 531	4 733	5 686	6 426	7 309
甘肃省	753	1 343	1 851	2 360	3 037	3 858
青海省	571	977	1 367	1 738	2 077	2 426
宁夏回族自治区	423	753	1 054	1 376	1 642	1 840
新疆维吾尔自治区	964	1 942	2 942	3 770	4 537	5 576
新疆生产建设兵团	0	0	0	60	333	514

表A－4　2015—2020年分地区政府债券发行额　　单位：亿元

地区	2015年	2016年	2017年	2018年	2019年	2020年
北京市	1 178	1 166	1 070	645	1 401	1 676
天津市	565	1 667	849	981	1 172	1 805
河北省	1 420	2 321	1 528	2 123	2 220	3 000
山西省	610	788	781	682	757	1 409
内蒙古自治区	1 477	2 502	1 310	1 144	1 234	1 847

续表

地区	2015 年	2016 年	2017 年	2018 年	2019 年	2020 年
辽宁省	1 602	2 393	1 660	1 158	1 100	1 239
大连市	278	424	645	621	135	313
吉林省	765	910	1 146	796	762	1 384
黑龙江省	792	1 105	965	1 238	905	1 351
上海市	1 212	2 200	783	706	1 268	1 755
江苏省	3 194	4 512	2 878	2 682	2 852	4 181
浙江省	2 244	3 583	1 559	1 662	2 018	2 883
宁波市	553	482	432	425	226	487
安徽省	1 294	1 687	1 462	2 248	1 628	2 329
福建省	1 259	1 788	1 442	894	964	1 593
厦门市	90	349	97	100	192	372
江西省	978	1 054	1 216	1 082	1 172	2 288
山东省	1 994	3 865	2 232	2 173	2 328	3 932
青岛市	227	414	288	323	346	568
河南省	1 425	1 904	1 978	1 326	1 817	2 728
湖北省	1 483	2 644	1 223	1 351	1 987	2 900
湖南省	1 395	3 488	1 965	1 993	2 560	2 550
广东省	1 588	3 500	1 846	2 481	2 056	3 639
深圳市	0	0	20	52	314	482
广西壮族自治区	922	1 440	1 717	1 403	1 033	1 840
海南省	223	551	536	536	433	566
重庆市	824	1 570	1 310	1 014	1 253	1 696
四川省	1 790	2 891	2 809	2 184	2 213	3 543
贵州省	2 350	2 590	2 099	2 145	1 346	2 523
云南省	1 567	2 066	1 930	1 567	1 488	2 293
西藏自治区	0	16	56	55	128	140

续表

地区	2015 年	2016 年	2017 年	2018 年	2019 年	2020 年
陕西省	1 260	2 031	1 300	1 304	1 404	1 533
甘肃省	483	667	588	604	776	1 123
青海省	328	469	463	474	467	512
宁夏回族自治区	289	367	318	406	375	316
新疆维吾尔自治区	693	1 055	1 079	1 013	1 020	1 461
新疆生产建设兵团	0	0	0	60	273	181

参 考 文 献

[1] COCHRANE J. Understanding policy in the great recession: some unpleasant fiscal arithmetic[J]. European Economic Review, 2011, 55(1): 2 – 30.

[2] TELES V K, MUSSOLINI C C. Public debt and the limits of fiscal policy to increase economic growth[J]. European Economic Review, 2014, 66(1):1 – 15.

[3] REINHART C M, ROGOFF K S. Growth in a time of debt[J]. American Economic Review, 2010, 100(2):573 – 578.

[4] CECCHETTI S G, MOHANTY M S, ZAMPOLLI F. The real effects of debt[R]. BIS Working Paper 352, 2011.

[5] CHECHERITA – WESTPHAL, ROTHER P. The impact of high government debt on economic growth and its channels: an empirical investigation for the euro area[J]. European Economic Review, 2012, 56(7):1392 – 1405.

[6] AFONSO A, JALLES J T. Growth and productivity: The role of government debt[J]. International Review of Economics and Finance, 2013, 25(1): 384 – 407.

[7] EBERHARDT M, PRESBITERO A F. Public debt and growth: heterogeneity and non-linearity[J]. Journal of International Economics, 2015, 97(1):45 – 58.

[8] DONAYRE L, TAIVAN A. Causality between public debt and real growth in the OECD: a country-by-country analysis[J]. Economic Papers, 2017, 36(2):

156 – 170.

[9] YU H . Does the Reinhart-Rogoff Hypothesis Apply to China?[J]. Economics Bulletin, 2020, 40(4):2663 – 2668.

[10] JACOBS J, OGAWA K, STERKEN E,et al. Public debt, economic growth and the real interest rate: A panel VAR Approach to EU and OECD Countries[J]. Applied Economics, 2020, 52(10/12): 1377 – 1394.

[11] PANIZZA U. Public debt risks in Italy: myths, facts and policies[J]. Capital Markets Law Journal, 2015, 10(2):181 – 192.

[12] 王益. 发展中国市政债券市场的初步构想[J]. 世界经济，2002（6）：72 – 79.

[13] 刘利刚，陈少强. 中国应允许地方政府举债吗?[J]. 世界经济，2006（4）：37 – 41.

[14] 胡翠，许召元. 对外负债与经济增长[J]. 经济研究，2011，46（2）：19 – 30.

[15] 范剑勇，莫家伟. 地方债务、土地市场与地区工业增长[J]. 经济研究，2014，49（1）：41 – 55.

[16] 胡奕明，顾祎雯. 地方政府债务与经济增长：基于审计署 2010—2013 年地方政府性债务审计结果[J]. 审计研究，2016，193（5）：104 – 112.

[17] 黄健，毛锐. 地方债务、政府投资与经济增长动态分析[J]. 经济学家，2018，229（1）：88 – 96.

[18] 朱娜，胡振华，倪青山. 经济增长视角下我国地方政府债务可持续性测度[J]. 系统工程，2018，36（5）：65 – 71.

[19] 陈思霞，陈志勇. 需求回应与地方政府性债务约束机制：经验启示与分析[J]. 财贸经济，2015，399（2）：16 – 28.

[20] 项后军，巫姣，谢杰. 地方债务影响经济波动吗[J]. 中国工业经济，2017，346（1）：43 – 61.

[21] 余海跃，康书隆. 地方政府债务扩张、企业融资成本与投资挤出效应[J]. 世界经济，2020，43（7）：49－72.

[22] 侯伟凤，田新民. 地方债务支出、投资性房产需求与宏观经济波动[J]. 统计与决策，2021，37（1）：128－133.

[23] 刘哲希，任嘉杰，陈小亮. 地方政府债务对经济增长的影响：基于债务规模与债务结构的双重视角[J]. 改革，2020，314（4）：100－115.

[24] 吴俊培，徐彦哲，郝楚. 地方公共债务的经济效应评估：企业投融资决策的视角[J]. 宏观经济研究，2021，269（4）：47－58.

[25] 徐文芸，金荣学，董浩然. 地方政府债务、腐败与经济增长[J]. 海南大学学报（人文社会科学版），2021，39（1）：62－70.

[26] 郭步超，王博. 政府债务与经济增长：基于资本回报率的门槛效应分析[J]. 世界经济，2014，37（9）：95－118.

[27] 朱文蔚，陈勇. 地方政府性债务与区域经济增长[J]. 财贸研究，2014，25（4）：114－121.

[28] 吕健. 地方债务对经济增长的影响分析：基于流动性的视角[J]. 中国工业经济，2015，332（11）：16－31.

[29] 程宇丹，龚六堂. 财政分权下的政府债务与经济增长[J]. 高等学校文科学术文摘，2016（1）：33－35.

[30] 陈诗一，汪莉. 中国地方债务与区域经济增长[J]. 学术月刊，2016，48（6）：37－52.

[31] 刁伟涛. 债务率、偿债压力与地方债务的经济增长效应[J]. 数量经济技术经济研究，2017，34（3）：59－77.

[32] 金紫怡，黄创霞，文凤华. 地方政府债务对区域经济增长的影响研究[J]. 经济数学，2017，34（1）：31－38.

[33] 陈志刚，吴国维. 地方政府债务促进了区域经济增长吗？基于地方政府“招拍挂”工具变量视角[J]. 现代财经（天津财经大学学报），2018，38（4）：48－60.

[34] 毛捷，黄春元. 地方债务、区域差异与经济增长：基于中国地级市数据的验证[J]. 金融研究，2018，455（5）：1－19.

[35] 黄昱然，卢志强，李志斌. 地方政府债务与区域金融差异的经济增长效应研究：基于非线性面板平滑转换回归 PSTR 模型[J]. 当代经济科学，2018，40（3）：1－12.

[36] 陈菁. 我国地方政府性债务对经济增长的门槛效应分析[J]. 当代财经，2018，407（10）：33－44.

[37] 李梦辰，李红镝. 基于非线性关系影响的基础设施建设领域债务与地方经济发展的阈值点研究[J]. 数学的实践与认识，2018，48（14）：120－128.

[38] 曹光远，张曾莲. 地方政府债务影响经济增长质量的空间效应与门槛效应研究[J]. 现代经济探讨，2020，464（8）：57－68.

[39] 张曾莲，方娜. 地方政府债务对经济高质量发展影响的空间网络与门槛效应研究[J]. 国际金融研究，2021，414（10）：14－25.

[40] HANSEN B E. Threshold effects in non－dynamic panels: Estimation, testing, and inference[J]. Journal of Econometrics, 1999, 93(2):345－368.

[41] WANG Q Y. Fixed－effect panel threshold model using Stata[J]. The Stata Journal, 2015, 15(1):121－134.

[42] 曹婧，毛捷，薛熠. 城投债为何持续增长：基于新口径的实证分析[J]. 财贸经济，2019，40（5）：5－22.

[43] 毛捷，徐军伟. 中国地方政府债务问题研究的现实基础：制度变迁、统计方法与重要事实[J]. 财政研究，2019，431（1）：3－23.

[44] 贾康，阎坤. 完善省以下财政体制改革的中长期思考[J]. 管理世界，2005（8）：33－37.

[45] 周雪光. “逆向软预算约束”：一个政府行为的组织分析[J]. 中国社会科学，2005（2）：132－143+207.

[46] 黄国桥，徐永胜. 地方政府性债务风险的传导机制与生成机理分析[J]. 财政研究，2011，343（9）：2－5.

[47] LI H B, ZHOU L A. Political turnover and economic performance: the incentive role of personnel control in China[J]. Journal of Public Economics, 2005, 89(9):1743－1762.

[48] 周黎安. 转型中的地方政府：官员激励与治理[M]. 上海：格致出版社，2008.

[49] HUANG Y, PANIZZA U, VARGHESE R. Does public debt crowd out corporate investment? International evidence. IHEID Working Papers 08, 2018.

[50] 梁虎，张珩. 地方债务扩张是否挤出了商业银行贷款？[J]. 现代财经（天津财经大学学报），2020，40（12）：3－16.

[51] 田新民，侯伟凤. 财政教育支出与经济高质量发展瓶颈：基于地方政府债务的调节效应[J]. 技术经济与管理研究，2021，304（11）：96－100.

[52] 熊虎. 地方政府债务的经济增长效应研究：基于数量与质量的双重视角[J]. 宏观质量研究，2021，9（6）：113－128.

[53] 徐军伟，毛捷，管星华. 地方政府隐性债务再认识：基于融资平台公司的精准界定和金融势能的视角[J]. 管理世界，2020，36（9）：37－59.

[54] HOWITT P, AGHION P. Capital accumulation and innovation as complementary factors in long－run growth[J]. Journal of Economic Growth, 1998, 3(2):

111－130.

[55] SHI S Y, WEN Q. Labor market search and capital accumulation: Some analytical results[J]. Journal of Economic Dynamics & Control, 1997, 21(10): 1747－1776.

[56] REINHART C M, ROGOFF K S. From financial crash to debt crisis[J]. American Economic Review, 2011, 101(5):1676－1706.

[57] 丁建勋. 基础设施投资与经济增长：我国基础设施投资最优规模估计[J]. 山西财经大学学报，2007，172（2）：28－31.

[58] 李强，郑江淮. 基础设施投资真的能促进经济增长吗?基于基础设施投资“挤出效应”的实证分析[J]. 产业经济研究，2012，58（3）：50－58.

[59] 孙早，杨光，李康. 基础设施投资促进了经济增长吗？来自东、中、西部的经验证据[J]. 经济学家，2015，200（8）：71－79.

[60] 白重恩，钱颖一，谢长泰. 中国的资本回报率[J]. 比较，2007（28）：1－22.

[61] 白重恩，张琼. 中国的资本回报率及其影响因素分析[J]. 世界经济，2014，37（10）：3－30.

[62] HUANG Y, PAGANO M, PANIZZA U. Public debt and private firm funding: evidence from Chinese cities[R]. London: Centre for Eco nomic Policy Research, 2016.

[63] 黄春元，毛捷. 财政状况与地方债务规模：基于转移支付视角的新发现[J]. 财贸经济，2015，403（6）：18－31.

[64] 朱小黄，林嵩，王林，等. 中国债务拐点研究[M]. 北京：经济管理出版社，2017.

[65] 方创琳，关兴良. 中国城市群投入产出效率的综合测度与空间分异[J]. 地理学报，2011，66（8）：1011－1022.

[66] 赵勇，白永秀. 中国城市群功能分工测度与分析[J]. 中国工业经济，2012，296（11）：18－30.

[67] 王宝顺，刘京焕. 地方政府公共支出空间外溢效应对区域经济增长的影响[J]. 现代财经（天津财经大学学报），2011，31（10）：61－69.

[68] 刁伟涛. 空间关联下中国地方政府债务的经济增长效应研究[J]. 云南财经大学学报，2016，32（4）：46－53.

[69] 刁伟涛. 我国省级地方政府间举债竞争的空间关联性研究[J]. 当代财经，2016，380（7）：36－45.

[70] 郑威，陆远权，李晓龙. 地方政府竞争促进了地方债务增长吗?：来自中国省级城投债与空间溢出效应的经验证据[J]. 西南民族大学学报（人文社科版），2017，38（2）：135－141.

[71] 王术华. 财政压力、政府支出竞争与地方政府债务：基于空间计量模型的分析[J]. 经济与管理评论，2017，33（5）：74－82.

[72] 吴健梅，王涛，王英家. 经济新常态下我国地方政府债务风险特征及空间溢出效应研究[J]. 东岳论丛，2018，39（4）：37－49.

[73] 黄春元，刘瑞. 地方政府债务、区域差异与空间溢出效应：基于空间计量模型的研究[J]. 中央财经大学学报，2020，392（4）：3－14.

[74] 邱栎桦，伏润民. 财政分权、政府竞争与地方政府债务：基于中国西部D省的县级面板数据分析[J]. 财贸研究，2015，26（3）：97－103.

[75] 陈宝东，邓晓兰. 财政分权、金融分权与地方政府债务增长[J]. 财政研究，2017，411（5）：38－53.

[76] 毛捷，刘潘，吕冰洋. 地方公共债务增长的制度基础：兼顾财政和金融的视角[J]. 中国社会科学，2019，285（9）：45－67+205.

[77] 余晨阳，邓敏婕. 市政债券：城镇化融资的新渠道[J]. 学术论坛，2013，

36（3）：137－141.

[78] 马丽梅，刘生龙，张晓. 能源结构、交通模式与雾霾污染：基于空间计量模型的研究[J]. 财贸经济，2016，37（1）：147－160.

[79] 焦敬娟，王姣娥，程珂. 中国区域创新能力空间演化及其空间溢出效应[J]. 经济地理，2017，37（9）：11－18.

[80] TABATA K. Population aging, the costs of health care for the elderly and growth[J]. Journal of Macroeconomics, 2005, 27(3): 472－493.

[81] 蔡昉. 人口红利消失之后[J]. 西部论丛，2010，109（12）：17－19.

[82] 姚东旻，宁静，韦诗言. 老龄化如何影响科技创新[J]. 世界经济，2017，40（4）：105－128.

[83] 齐红倩，闫海春. 人口老龄化抑制中国经济增长了吗?[J]. 经济评论，2018，214（6）：28－40.

[84] 郑秉文. 欧债危机下的养老金制度改革：从福利国家到高债国家的教训[J]. 中国人口科学，2011，146（5）：2－15.

[85] 周茂华. 欧债危机的现状、根源、演变趋势及其对发展中国家的影响[J]. 经济学动态，2014，637（3）：138－153.

[86] 马宇，王群利. 人口老龄化对政府债务风险影响的实证研究：基于 20 个发达国家动态面板数据的分析[J]. 国际金融研究，2015，337（5）：46－55.

[87] 黄晓薇，黄亦炫，郭敏. 人口结构变迁、福利制度错配与主权债务适度规模[J]. 浙江大学学报（人文社会科学版），2015，45（2）：19－33.

[88] 杜萌，马宇. 国家政治风险、人口老龄化与主权债务违约：来自新兴市场和发展中国家的证据[J]. 国际金融研究，2015，333（1）：37－47.

[89] 赫国胜，柳如眉. 金砖五国人口老龄化、公共养老金支出及其改革策略分析[J]. 经济体制改革，2016，200（5）：56－61.

[90] 黄晓薇，黄亦炫，郭敏. 老龄化冲击下的主权债务风险[J]. 世界经济，2017，40（3）：3－25.

[91] 祁毓，张丹. 人口老龄化对主权债务风险的影响及内在机制：基于跨国面板数据的实证分析[J]. 东北财经大学学报，2020，132（6）：48－56.

[92] 李明镇. 历史欠债怎么来还？关于社会养老保险制度改革中隐性债务问题及对策研究[J]. 人口研究，2001（3）：40－46.

[93] 夏鹰，潘广云. 社会养老保险制度改革中隐性债务问题及对策[J]. 东北财经大学学报，2002（3）：41－44.

[94] 姜永宏. 关于中国隐性养老金债务问题研究[J]. 暨南学报（哲学社会科学版），2006（3）：66－73.

[95] 肖严华. 21 世纪中国人口老龄化与养老保险个人账户改革：兼谈“十二五”实现基础养老金全国统筹的政策选择[J]. 上海经济研究，2011，279（12）：88－100+116.

[96] 刘学良. 中国养老保险的收支缺口和可持续性研究[J]. 中国工业经济，2014，318（9）：25－37.

[97] 李时宇，冯俊新. 老龄化对中国政府资产负债表影响及政策空间比较分析[J]. 经济学动态，2014，635（1）：73－81.

[98] 龚锋，余锦亮. 人口老龄化、税收负担与财政可持续性[J]. 经济研究，2015，50（8）：16－30.

[99] 黄春元. 人口老龄化对我国财政稳定性影响的定量解析[J]. 西北人口，2015，36（2）：13－19.

[100] 仲凡，杨胜刚. 人口结构、财政支出刚性对地方政府性债务的影响：基于中国省级面板数据的研究[J]. 财经理论与实践，2016，37（4）：78－83.

[101] 刘禹君. 人口老龄化、房价波动与地方债务风险[J]. 山西大学学报（哲

学社会科学版），2019，42（2）：86－92.

[102] 陈小亮，谭涵予，刘哲希. 老龄化对地方政府债务的影响研究[J]. 财经研究，2020，46（6）：19－33.

[103] LIMA R C, SILVEIRA R M. Physical and human capital and Brazilian regional growth: a spatial econometric approach for the period 1970－2010 [J]. Regional Studies, 2015(10): 1688－1701.

[104] 章屹祯，曹卫东，张宇，等. 江苏省人口与经济发展的时空格局演变[J]. 安徽师范大学学报（自然科学版），2019，42（5）：490－496.

[105] 逯进，王晓飞，刘璐，等. 中国省域老龄化、人口流动与产业结构的协同效应[J]. 经济地理，2019，39（9）：39－47.

[106] FARUQEE H, MÜHLEISEN M. Population aging in Japan: demographic shock and fiscal sustainability[J]. Japan and the World Economy, 2003, 15(2):185－210.

[107] AFFLATET N. The impact of population ageing on public debt: a panel data analysis for 18 european countries[J]. International Journal of Economics and Financial Issues, 2018, 8(4):68－77.

[108] 甘行琼，刘大帅，胡朋飞. 流动人口公共服务供给中的地方政府财政激励实证研究[J]. 财贸经济，2015，407（10）：87－101.

[109] 江依妮，张光. 财政资源错配：户籍区隔下的地方公共服务供给[J]. 经济体制改革，2016，199（4）：5－11.

[110] 段成荣，谢东虹，吕利丹. 中国人口的迁移转变[J]. 人口研究，2019，43（2）：12－20.

[111] HAUNER D. Public debt and financial development[J]. Journal of Development Economics, 2009, 88(1): 171－183.

[112] 汪锋，张宗益，康继军. 企业市场化、对外开放与中国经济增长条件收敛[J]. 世界经济，2006（6）：48－60.

[113] HAYES A F. Beyond Baron and Kenny: Statistical mediation analysis in the new millennium[J]. Communication Monographs, 2009, 76(4): 408－420.

[114] 温忠麟，叶宝娟. 中介效应分析：方法和模型进展[J]. 心理科学进展，2014，22（5），731－745.

[115] 谢雪燕，朱晓阳. 人口老龄化、技术创新与经济增长[J]. 中国软科学，2020，354（6）：42－53+76.

[116] 蔡昉. 中国老龄化挑战的供给侧和需求侧视角[J]. 经济学动态，2021，719（1）：27－34.

[117] 葛延风，王列军，冯文猛，等. 我国健康老龄化的挑战与策略选择[J]. 管理世界，2020，36（4）：86－96.

[118] 刘尚希. 地方政府性债务风险不是来自债务本身[J]. 中国党政干部论坛，2014，303（2）：68.

[119] BERGMAN U M, HUTCHISON M. Economic stabilization in the post－crisis world: Are fiscal rules the answer?[J]. Journal of International Money and Finance, 2015(52):82－101.

[120] 缪小林，史倩茹. 经济竞争下的地方财政风险：透过债务规模看财政效率[J]. 财政研究，2016，404（10）：20－35.

[121] 吴粤，王涛，竹志奇. 政府投资效率与债务风险关系探究[J]. 财政研究，2017，414（8）：29－42.

[122] 胡才龙. 地方债务风险与使用效率的空间相关性实证研究：基于灰色关联度模型[J]. 海南金融，2020，376（3）：3－13.

[123] 郭月梅，胡智煜. 中国地方政府性债务支出效率评估[J]. 经济管理，

2016，38（1）：10－19.

[124] 赵桂芝，冯海欣. 新预算法下我国地方政府债务使用绩效的区域差异与对策启示[J]. 辽宁大学学报（哲学社会科学版），2019，47（2）：38－46.

[125] 姜爱华，辛婷. 地方政府债务支出效率动态测评及影响因素研究[J]. 公共财政研究，2019，30（6）：16－32.

[126] 金荣学，毛琼枝. 基于主成分与数据包络组合法的地方政府债务绩效评价[J]. 华中师范大学学报（人文社会科学版），2017，56（3）：55－61.

[127] 宓燕. 地方政府债务绩效评价指标体系研究[J]. 经济与管理，2006（12）：64－67.

[128] 考燕鸣，王淑梅，马静婷. 地方政府债务绩效考核指标体系构建及评价模型研究[J]. 当代财经，2009（7）：34－38.

[129] 陈业华，邓君. 地方政府融资债务绩效的评价[J]. 统计与决策，2015，430（10）：54－57.